OFF GRID LIFE: Your Ideal Home in the Middle of Nowhere
by Foster Huntington
Copyright © 2020 by Foster Huntington
Jacket design by Joshua McDonnell
Jacket copyright © 2020 by Hachette Book Group, Inc.
All rights reserved.
Korean translation copyright © 2021 by LEESCOM Publishing Company
This edition published by arrangement with Perseus Books, LLC,
a subsidiary of Hachette Book Group, Inc., New York, New York, USA
through AMO Agency.

이 책의 한국어판 저작권은 AMO에이전시를 통해 저작권자와 독점 계약한 리스컴에
있습니다. 저작권법에 의해 한국 내에서 보호를 받는 저작물이므로 무단 전재와 무단
복제를 금합니다.

Samuel Glazebrook

Jeff Waldman | California coast

일상에서 벗어난 삶
오프 그리드 라이프

포스터 헌팅턴

Dan Huntington | Columbia River Gorge, Washington

CONTENTS

14 **PROLOGUE**
일상의 루틴에서 벗어난 삶
오프 그리드 라이프

24 **INTRODUCTION**
오프 그리드 라이프 대가, 로이드 칸이 말하는 '집의 개념'

32 **CHAPTER 1**
통나무집 CABINS

　1_ 예술가들의 커뮤니티, 새먼 크리크 팜 공동체
　2_ 태평양 북서부의 오프 그리드 라이프

72 **CHAPTER 2**
천막집 YURTS, TENTS AND HUTS

　로키산맥 아래 12평 작은 공간의 천막집

92 **CHAPTER 3**
친환경 주택과 동굴집 EARTHSHIPS AND UNDERGROUND STRUCTURES

　산타크루즈 산맥에 친환경 재생주택 짓고 살기

106 **CHAPTER 4**
컨테이너 생활 SHIPPING CONTAINERS

　뉴욕 허드슨강 변 컨테이너 하우스에서의 휴양 생활

122 **CHAPTER 5**
나무집 TREE HOUSE

　워싱턴 산맥 아래 집단 거주지역의 트리하우스

152 **CHAPTER 6**
작은 집 TINY HOME

　꿈속의 작은 집 짓기

184 **CHAPTER 7**
배 위의 집 SAILBOAT HOME

　강 위의 휴양지이자 대피소, 선상의 집

204 **CHAPTER 8**
자동차 생활 VEHICLES

　1_ 말과 어드벤처가 함께하는 트레일러 하우스
　2_ 포스터가 추천하는 캠핑카, '차박 여행을 위한 차'

Philipp Sacher | Germany

PROLOGUE

일상의 루틴에서 벗어난 삶
오프 그리드 라이프

2011년 8월, 오랜 기간 간직하던 꿈을 실천했다. 그날 나는 뉴욕 맨해튼에 있는 아파트 5층 내 집을 떠났다. 손에는 두 개의 더플백과 서핑 가방 하나를 들고, 등에는 커다란 오스프리 배낭을 메었다. 내가 도착한 곳은 뉴욕 라과디아 공항. 네바다주 리노행 비행기를 탔다. 그곳에서 캠핑카의 전설로 꼽히는 1987년식 폭스바겐 바나곤 싱크로를 만났다. 그날 이후 3년 동안 미국 서부와 멕시코, 캐나다를 횡단하면서 24만 킬로미터를 달렸다. 처음에는 바나곤, 그다음에는 도요타 픽업에서 살았다.

밤에는 친구 집 근처의 공터나 공원, 길가에 주차하고 잠을 잤다. 화장실은 커피숍이나 식당, 트럭 전용 휴게소를 이용했다. 내 차는 침대이고 창문 밖 자연은 거실이었다. 이렇게 보낸 20대 중반의 이 시기는 내가 갖고 있던 기존의 삶과 행복에 대한 정의를 바꾸어놓았다. 내가 편안하게 살기 위해 무엇이 필요한지, 행복하기 위해 어떤 타협을 해야 하는지에 대한 나의 기대가 완전히 바뀐 것이다. 우리가 갇혀있던 세상 밖에는 '9 to 5'라는 직장생활의 시계 쳇바퀴를 뛰어넘은 행복이 있었다.

길 위에서 나는 많은 사람을 만났다. 오토바이에 텐트를 싣고 길을 떠나는 사람, 콜로라도 로키산맥 3천 미터 산에서 투박한 나무집을 짓고 사는 사람, 로스앤젤레스 언덕의 세찬 바람을 피하지 않고 사는 사람…. 오리건주 남부에서는 마리화나를 재배하며 나무집에서 거주하는 사람들과 교류했다. 그들 중 일부는 스스로 선택해서, 일부는 상황 때문에 어쩔 수 없이 자기가 만든 작은 집에 거주하고 있다. 우리가 알고 있는 방 3개, 화장실 1개에 차고를 갖춘 전형적인 집은 그곳에 없다. 공간은 대략 90제곱미터 정도다.

3년간의 길 위 생활이 끝난 후, 이후의 삶에 대해 진지하게 고민했다. 나는 오리건주 포틀랜드 근처의 집들을 살폈다. 식당과 슈퍼마켓이 주는 편리함 때문에 도시 생활을 할 만한 가치가 있을까. 대답은 '아니오'였다. 주택 융자금을 갚기 위해 원치 않는 일을 하면서 살고 싶지 않았다. 내가 바란 것은 자연 속 삶이다. 닭과 양을 키우며 친구들과 캠프파이어를 할 수 있는 곳, 누구의 눈치나 시선을 받지 않고 자유롭게 생활할 수 있는 장소를 원했다.

    결론은 도시가 아닌 시골이었다. 오랜 친구인 터커 고먼(5장 나무집과 6장 작은 집 글쓴이)과 함께 고민했다. 나는 컬럼비아강 협곡이 내려다보이는 작은 휴화산 꼭대기의 전나무숲에 나무집 몇 채를 지었다. 나무 위의 집끼리는 구름다리로 연결했다. 2014년부터 2019년까지 나무집에서 5년을 살았다. 샤워 시설은 없었지만 차 안에서 3년을 보낸 나에게 그것은 문제도 아니었다. 나는 나무집을 삶의 공간이자 일터로 사용했다. 지상에서 6미터 위에 떠 있는 16제곱미터 남짓한 작은 공간은 지상낙원이다. 나는 나무집과

구름다리에서 나는 소리로 일기 변화를 구분할 줄 알게 되었다.

오리건주의 겨울은 혹독하다. 해마다 겨울이면 전나무들은 눈얼음으로 덮였다. 그러나 나는 나무집 생활을 포기하지 않았다. 떨어지는 나뭇가지들과 엄청난 눈, 그리고 바람에 흔들리는 나무에 익숙해졌다. 마치 흰 고래 모비 딕(허먼 멜빌이 1851년에 쓴 장편 소설)을 쫓는 에이해브 선장처럼 말이다. 4월이 되면 제비가 날아와 봄소식을 알린다. 제비는 곤충을 쫓고 나무집을 연결하는 다리 사이를 날아다니며 우리와 함께 그 안에서 살았다. 제비는 나무 위에 둥지를 틀었다는 점에서 우리와 같았다. 우리는 같은 나무를 집으로 공유하고 있었던 것이다.

30대 초반, 내 삶에 변화가 찾아왔다. 여자 친구인 케이시와 반려견 제마가 합류하면서 문제가 발생했다. 예를 들어, 나는 한밤중에 나무집 밖에서 생리 현상을 해결했지만 케이시는 불편을 느꼈다. 다행스럽게도 나무집에서 60미터 정도 떨어진 컬럼비아강 골짜기에 창고를 개조해 만든 허름한 집이 있었다. 우리는 나무에서보다 그곳에서 많은 시간을 보냈다.

차박과 나무집 등 생활 체험은 집에 대해 새로운 개념을 갖게 해주었다. 밴으로 여행을 다닐 때 제마는 침대 밑 작은 공간에서 잠을 잤다. 더 넓고 안락한 침대보다도 그곳을 더 좋아했다. 케이시도 마찬가지였다. 창고집에 머물 때, 그녀는 넓은 퀸사이즈 침대를 놔두고 다락방 작은 공간이나 밴에서 자는 걸 좋아했다. 그걸 보고 나는 깨달았다. 큰 공간보다 작은 곳이 우리에게 심적인 안정과 편안함을 더 준다는 사실을. 지구에서 오직 인간만이 필요 이상으로 큰 공간에서 살고 있다. 인간의 역사에서 커다란 주택에 한 가구만 살기 시작한 것은 불과 200년 정도밖에 안 된다.

작은 집은 젊은 세대에게 자신의 집을 소유할 수 있는 기회를 제공한다. 밀레니얼 세대를 대상으로 한 주택의 소유에 관한 통계는 우리에게 많은 것을 시사한다. 결과는 암울하다. 우리는 부모보다 더 비참한 삶을 사는 첫 세대가 될 것이다. 더 많은 일을 해야 생존할 수 있고 정규직보다 파트타임과 프리랜서 직업이 더 많은 노동환경, 긱 이코노미(Gig Economy : 기업이 근로자를 고용하지 않고 필요할 때마다 계약을 통해 일을 맡기는 고용 형태를 뜻함. 독립형 일자리 경제라고도 불린다) 시대가 열렸다. 주택 대출을 받을 자격이 있는

사람은 점점 줄어들고, 안정적인 일자리를 가진 소수만이 주택 대출금을 갚을 수 있는 시대가 된 것이다.

우리는 살기 위한 대안을 찾아야 한다. 쉽지 않은 선택이다. 왜냐하면 기존에 맺고 있던 인연이나 익숙한 환경과 헤어져야 하기 때문이다. 식자재 대부분은 로컬이 아닌 먼 곳에서 온다. 주문만 하면 음식이 집 앞으로 배달되는 세상이다. 좋은 의미든 나쁜 의미든 삶은 우리 손을 떠났다. 아프면 의사를 찾아가고 집이나 차가 고장 나면 전문가를 부른다. 스스로 문제를 해결하던 예전보다 편하지만, 어쩌면 더 살기 힘들어졌는지도 모른다. 더이상 삶을 우리 스스로 만들거나 책임질 수 없는 세상이 되었다.

이런 상황에서 우리 삶을 스스로 결정할 수 있는 핵심은 '집'이다. 지난 40년간 많은 사람들이 시골에서 도시로 몰려왔다. 도시의 집을 유지하기 위해선 더 많은 돈이 필요하다. 샌프란시스코에서 방 하나 딸린 아파트의 월세는 3천600달러가 넘는다. 수입 중 3분의 1이 주거비용이라는 전통 경제학 개념을 따른다면 샌프란시스코에 살기 위해선 연간 10만 달러를 벌어야 한다. LA, 뉴욕, 시애틀, 워싱턴 D.C. 등 다른 대도시도 비슷한 상황이다. 더는 사람들이 감당할 수 없게 되었다.

반면 농촌 지역의 인구수와 집값은 떨어지고, 인터넷의 보급으로 원격 근무 기회가 점점 많아지고 있다. 이 같은 환경은 우리에게 새로운 세상을 열어주었다.

내가 이 책을 쓴 목적은 사람들이 도시를 떠나 지방에서 삶의 터전을 찾을 수 있도록 영감을 주기 위한 것이다. 엄두가 나지 않는다면 작은 것부터 시작해보는 것은 어떨까. 친구들과 함께 구조물을 세우고 천막이나 컨테이너를 활용해 주거 공간을 만들 수도 있다. 당신 손에 흙을 묻히고 땀을 흘리는 노동의 즐거움을 느낄 시간이다. 텃밭을 꾸미고 정원을 가꾸고 친구들을 초대해 추억을 만들어보자.

이 책에 나오는 집들은 모두 주택 구입 자금을 조달하는 기존 시스템에서 벗어나 있다. 주택 담보 대출을 받을 수 없어서 스스로 조달 가능한 범위 내에서 천천히 현금으로 지어야 했다. 들인 비용은 1만 달러에서 수십만 달러에 이르기까지 다양하다. 공통점은 집주인의 열정과 끊임없는 노동의 결과라는 점이다.

　타협 없이 이루어지는 것은 없다. 여기 나오는 집들을 짓기 위해서는 지리적인 위치나 집의 크기, 편안함 같은 익숙한 생활방식과 타협을 해야 했다. 그렇게 해서 절충한 결과 우리는 좀 더 경제적인 방법으로 집을 갖게 됐으며, 넷플릭스나 인스타그램으로 보는 것 이상의 자연 세계를 경험할 수 있게 되었다. 이 책이 집에 대한 당신의 기존 생각에 작은 변화를 주는 씨앗이 되고, 그 씨앗이 자라 당신의 친구, 가족들과 함께 추억을 나누는 집의 형태로 열매 맺을 수 있기를 바란다.

INTRODUCTION

오프 그리드 라이프 대가, 로이드 칸이 말하는 '집의 개념'
Small Structures 101 with Lloyd Khan

로이드 칸의 도움과 그가 쓴 책이 없었다면 지금의 나도 없을 것이다. 그를 잘 모르는 사람들을 위해 잠깐 소개를 하자. 로이드는 건축업자이며 작가다. 또 셸터 관련 간행물을 펴내기도 했다. 그는 현재 캘리포니아 마린 카운티에 살고 있다. 지금 사는 집도 1970년에 그가 직접 지었다.

1960년부터 로이드는 새로운 형태의 집에 대한 24권의 책을 썼다. 책의 주제는 지오데식 돔(Geodesic Dome : 되도록 같은 길이의 직선 부재를 써서 외력에 저항할 수 있도록 분할한 구조의 돔)부터 오수 정화 장치 설비 등 다양한 분야를 포함한다. 그중에서도 태평양 연안의 셸터들을 다룬 책 〈태평양 연안에 셸터를 짓고 사는 사람들(Shelter and Builders of the Pacific Coast)〉로 널리 알려져 있다. 이 책은 전 세계에 있는 자연 친화적인 집들을 소개한다.

내가 어렸을 때 우리 집에는 로이드 칸의 책들이 많았다. 부모님이 읽던 책이었다. 그 책들 속에서 나는 성장했다. 나중에 집을 지을 때 그의 책에서 영감을 얻곤 했다. 나무집을 지을 때도, 야외 온수 욕조를 설치할 때도 마찬가지다. 캠핑카를 선택할 때도 그의 책이 도움이 되었다.

내가 이 책을 쓰기로 마음먹고 처음 한 일은 로이드 칸에게 이메일을 보내 도움을 구한 것이다. 그는 기꺼이 "예스"라고 화답했다. 스타워즈의 주인공 루크 스카이워커가 가이던스를 찾기 위해 다고바 시스템을 여행한 것처럼 나 역시 그를 만나기 위해 캘리포니아 볼리나스로 향했다. 로이드는 나에게 집에 대한 개념과 변화 과정을 설명해주었다.

글 | 포스터 헌팅턴

내가 집을 처음 짓던 1960~1970년대에는 아이디어를 실행에 옮기는 것이 가능했다. 당시는 땅값과 건축 자재가 저렴했기 때문이다. 약간의 돈만 모으면 어디에든 집을 지을 수 있었다. 우리가 다양한 형태의 집을 여러 곳에 지을 수 있었던 이유 중 하나다.

초창기에 나는 지오데식 돔의 열렬한 지지자였다. 단조롭던 당시 주택 형태와 완전히 다른 구조에 큰 충격을 받았기 때문이다. 5년 동안 나는 돔 구조의 집을 지었고 그에 관련된 두 권의 책을 냈다. 〈돔 주택 제2권(Domes Books 2)〉를 쓸 무렵 우리는 산타바바라 근처 산에 있는 집을 한 달 동안 빌려 작업했다. IBM 타자기와 폴라로이드 카메라 등 작업에 필요한 도구도 있었다. 당시 여섯에서 일곱 명의 동료들과 함께 책을 준비했다. 그 후 돔 주택 건축을 의뢰받고 우리는 그곳을 떠났다.

그러던 중 어느 농가를 지날 때 그 구조에 매료되었다. 수직 벽으로 이뤄졌고 지붕은 평평했다. 너무나 단순한 구조였다. 순간 나는 충격에 빠졌다. 그동안 몰두했던 돔 주택의 비효율성이 떠올랐다. 돔 주택은 외부와 내부가 모두 곡선 구조로 되어있다. 그러다 보니 정작 필수 설비들, 예를 들어 냉장고와 가구, 침대를 설치할 때마다 골머리를 앓았다. 왜냐하면 그것들은 모두 직선이며 대부분 사각형 모양으로 되어있기 때문이다. 이것을 설치할 때마다 추가 공간을 고민했고 언제나 골칫거리였다.

무엇인가를 만들 때는 기본과 단순함을 먼저 떠올려야 한다. 집 역시 예외는 아니다. 기본 형태를 생각해야 한다. 마치 파티션과 같다. 집의 직선 구조에 맞는 것들을 그 안에 넣어야 한다는 뜻이다. 돔 형태 주택도 마찬가지다.

물론 돔 형식이 갖는 장점도 있다. 사람들은 곡선 구조에서 편안함을 느낀다. 돔 주택을 본 사람들은 대부분 "마음에 들어요"라며 흡족한 표정을 짓곤 한다. 그러나 돔 주택은 일하는 장소로는 적합해도 생활하는 공간으론 부적절한 것이 사실이다.

내가 돔 주택 건축을 포기하자 많은 사람들이 실망했다. 1970년, LA에서 주택 관련 세미나가 열린 적이 있다. 벅민스터 풀러와 파올로 솔레리 등 이 분야 전문가들이 참석했다.

내가 프레젠테이션을 하려고 하자 사람들은 돔 구조 집에 대한 새로운 발표를 기대했다. 유럽 여행을 마치고 돌아온 나의 프레젠테이션 슬라이드 첫 장면은 아일랜드 농가였다. 나는 "그들은 주변에서 구한 돌과 자재로 집과 담장을 만든다. 마당에는 작물을 심고 줄기를 지붕 재료로 쓴다"라고 말했다. "주변에 있는 재료들을 활용한 것이 집을 멋져 보이게 하는 요인"이라고 덧붙였다.

내 발표는 계속되었다. "그러나 돔 주택은 정 반대다. 어디에 짓든지 동일한 형태를 하고 있다. 집을 짓는 장소에 관심을 두지 않는다. 어디서 해가 뜨고 바람이 어느 방향으로 부는지 관심이 없다. 모든 지역에 한 가지 형태의 집을 짓는 것, 그것이 바로 돔 주택이다." 내 발표가 끝나자 사람들의 당혹한 시선을 느낄 수 있었다. 그날 이후 나는 돔 주택을 널리 알리는 일을 포기했다.

나는 사람들이 상상할 수 있는 모든 형태의 집을 보았고 또 지었다. 내가 지금 나를 위한 집을 짓는다면 전형적인 직각 구조일 것이다. 현대에 이르러 집 건축과 디자인은 빠른 속도로 변화한다. 공간 차원을 분리하는 프랙탈 구조에서 조개 나사형 모델 등 기하학적인 디자인 형태가 쏟아진다. 그러나 그런 것들은 더는 나의 흥미를 끌지 못한다. 나는 내 삶과 함께할 집을 원하기 때문이다.

나는 집에 대해 좀 더 실용적인 인식을 하게 되었다. 중요한 것은 집에 사는 나 자신의 편안함이다. 실제로 돔 주택을 지을 때도 이런 원칙을 적용했다. 기념비적인 건축이 아닌 살기 편한 돔 주택을 짓기 위해 노력했다. 캘리포니아에 지은 돔 주택은 내가 지은 돔 형태 중 가장 아름답다. 왜냐하면 그곳 상황에 가장 적합한 구조로 지었기 때문이다. 집을 지을 때 건축 자재를 대부분 근처에서 조달했다. 지금은 더욱 자연에 융화된 돔 주택을 짓기 위해 노력하고 있다.

사람들이 집 건축에 대해 자문을 구한다면 내 조언은 다음과 같다. '집 지을 땅, 그 주변 분위기를 먼저 느껴라'.

적합한 땅을 구했다면, 집을 본격적으로 짓기 전에 1년 정도는 이동식 집을 설치하고 그곳에서 살아보라고 권한다. 해가 어디서 뜨고 지는지, 바람은 어디서 어떤 방향으로 불어오는지를 알아야 한다. 그러면 당신은 그곳과 가장 어울리는 멋진 집을 가질 수 있다.

이제 본격적으로 집 건축을 생각해보자. 무엇이 중요할까. 장작 난로, 태양열 지붕을 떠올린다. 그다음 화장실과 부엌이 있다. 이때 위치가 중요하다. 하수관과 난방 장

치 등을 되도록 한군데로 모아야 한다. 그다음은 방 배치다. 조립식 주택은 나중에 필요하면 공간을 늘릴 수 있는 장점을 갖고 있다. 아이들이 자랄 때에 대비해 방, 또는 일하는 공간을 추가로 만들 수 있다. 이처럼 집은 시간과 함께 성장한다.

 1960년대에는 4만 제곱미터 정도 되는 땅을 구입한 후, 그곳에 태양열 집을 지을 수 있었다. 지금은 당연히 어렵다. 모든 비용이 올랐다. 더구나 내가 사는 캘리포니아 해변 지역은 불가능하다. 주택 규정 자체가 모두 바뀌었기 때문이다. 1970년대에 내가 이 집을 지을 당시 건축 허가 비용은 200달러였다. 그래서 내가 디자인하고 내 기술로 집을 지을 수 있었다. 그런데 지금은 5만 달러가 넘는다. 미국 건축 기준(UBC : Uniform Building Code)에도 부합해야 한다. 건물 안전을 위한 장치이기 때문이다. 우리가 안전하게 집에서 살 수 있는지 여러 가지를 확인하는 절차인 건물 안전 감리도 필요하다. 이런

절차를 모두 거치다 보니 캘리포니아 북서쪽에 위치한 마린 카운티 같은 경우 허가와 감리에 너무 많은 비용이 든다.

도시에서 떨어진 시골이라면 여전히 비교적 저렴한 비용으로 집을 지을 수 있다. 물론 멀리 들어갈수록 더 비용이 싸게 먹힌다.

또 다른 선택도 있다. 도시를 벗어나기 어렵다면 낡고 오래된 집을 사서 수리하는 방법도 있다. 낡은 집을 구입할 때는 기초가 튼튼한지 확인하는 것이 중요하다. 집을 구하느라 땀 흘린 만큼 원하는 집을 구할 확률이 크다.

내가 알고 있는 두 부부가 있다. 그들은 자금이 넉넉하지 않았다. 그래서 낡은 대저택을 공동 구매한 후 그것을 듀플렉스 형태의 두 집으로 개조했다. 물론 건축법 절차를 따랐고, 그들은 각각 원하는 집을 갖게 되었다.

모든 사람이 도시를 떠나 시골에서 살 필요는 없다. 중요한 것은 스스로 살 집을 결정하는 것이다. 집 형태와 위치는 그다음 따라오는 부수적인 문제들이다. 대도시에 살아도 마음먹기에 따라서 당신의 공간을 가질 수 있다. 낙후된 산업단지 건물을 싸게 구입해 그곳을 당신만의 공간으로 만들 수 있다. 또 뉴욕 맨해튼 아파트에서도 화재 대피용으로 만든 작은 공간을 활용해 허브를 키우며 살 수 있다.

현실 세계의 삶은 완전한 자급자족이 불가능하다. 중요한 것은 방향이며 옳은 것을 향해 가는 믿음이다.

'나는 내가 생각한 삶에 100% 만족해'. 이런 일은 일어나지 않는다. 포기하지 않고 전진하는 것이 중요하다. 완벽만 추구하면 한 발자국도 앞으로 나아가지 못한다. 우린 모든 것을 완벽하게 할 수 없기 때문이다. 무엇이든, 어느 곳에서든 일단 시작하는 것이 중요하다. 당신이 할 일은 항상 당신 앞에 놓여 있다. 당신이 일단 시작하면, 이미 당신은 멀리 떠난 것과 같다. '시작이 반'이라고 하지 않는가.

CHAPTER 1

통나무집
CABINS

예술가들의 커뮤니티, 새먼 크리크 팜 공동체

Rebirth of an Old Commune with Artist Fritz Haeg

―

프리츠 해그 Fritz Haeg 는 예술가이자 건축가다.
현재 캘리포니아 멘도시노 카운티에 거주하며 활동하고 있다.

오랜 기간 나는 LA 지역에 거주하며 지역 아트 커뮤니티 활동에 관심을 가졌다. 2005년을 전후해 여행 충동을 느꼈고 그 이후 10년 동안 전 세계 많은 지역을 다녔다. 그즈음 전원생활에 큰 흥미를 느끼면서 좀 더 정착된 생활에 관심을 두기 시작했다.

2006년에는 함께 활동하던 친구들과 '플랜 B 프로젝트'를 시작했다. 전 세계에 걸쳐 방대한 조사를 했고 그 결과 대륙별로 정리된 5개의 자료집을 완성했다. 우리는 그것을 활용해 MASS MoCA를 만들었다(MASS MoCA : *Massachusetts Museum of Contemporary Art*. 미국 매사추세츠주에 있는 다양한 각 분야 현대 아트를 소개하는 박물관).

나는 초창기부터 공동체 생활에 큰 관심을 가졌다. 그리고 대부분의 시간을 그것을 완성하는 데 보냈다. 아직 시도하지 못한 새로운 형태의 삶이다. 작은 생각들이 모여 씨앗이 되고 그다음 단계를 만들어가고 있다.

시골에서 어떤 네트워크를 만들어 살아야 하는지 고민했다. 뿌리를 내린

나무가 성장하듯 말이다. 생각을 구체화할 수 있는 땅이 필요했다. 그냥 토지가 아닌 오래된 농지처럼 이야기가 스며있는 그런 곳을 원했다. 그리고 마침내 찾았다. 새먼 크리크 팜 Salmon Creek Farm 이 그곳이다.

이 공동체는 1971년에 생겼다. 당시 소노마주 대학교수였던 로버트 그린웨이와 파트너인 리버가 중심이 되어 일곱 명으로 구성된 재혼 가정이다. 그들은 새먼, 허클베리, 호크, 레인보우 등 공동체를 딴 이름을 사용했다. 처음에 로버트는 학교를 만들 생각이었다. 그러나 그는 아이디어를 공동체로 발전시켰다. 이 같은 생각은 당시 캘리포니아주에서 크게 유행하던 코뮌과 비슷했다.

구성원들은 공동체 운영 규칙을 함께 만들었다. 그들은 재산을 공유하고

투표권을 가졌다. 노동과 허드렛일도 함께했다. 공동체에 대한 명확한 신념을 공유했다. 반문화 운동에도 참여했다. 페이요티 선인장에서 마약 성분을 채취했고 동지와 하지가 되면 특별한 의식을 거행했다. 식량은 자급자족했고 근처 폐목을 활용해 집을 지었다.

그러나 시간이 흐르면서 공동체 사람들은 떠났고 그곳은 점차 황폐해졌다. 2015년 내가 그 땅을 구입하던 당시, 열세 명의 땅 소유주가 전 세계에 흩어져 있었다. 내가 품고 있는 비전을 이야기했더니 기꺼이 그들은 시세보다 싼 가격에 땅을 주었다.

새먼 크리크 팜에 대한 내 비전은 복합적이다. 기존 예술과 교육, 그리고 커뮤니티를 뛰어넘었다. 사실 이 분야에 처음부터 큰 관심이 있던 것은 아니었다. 그러나 프로젝트를 추진하면서 점차 빠져들었다.

처음에 나는 집과 농장만 있으면 사람들이 돌아오리라 생각했다. 그러나 그것이 전부가 아니었다. 새먼 크리크 팜 공동체 생활이 가능한 이유는 구성원들이 함께 땀을 흘려 이뤘기 때문이다. 당시 20대였던 그들은 주변의 나무를 활용해 집을 지었다. 그때는 그것이 무엇을 뜻하는지 몰랐을 수도 있다. 그렇지만 그들은 함께 책을 읽고 자연과 함께하는 삶을 살았다. 그들의 공동체가 가능했던 큰 이유는 '스스로 만든 곳'이라는 자부심이 있었기 때문이다.

이런 삶을 살기 위해선 희생도 필요하다. 그러나 삶을 지탱하는 과정들에 깊이 연결되어 있다는 느낌이 보상처럼 따라온다. 나는 사람들이 이곳에서 겨울의 차가움과 습기를 직접 느끼기를 바란다. 자연의 일부가 되는 것이다. 이곳에선 스위치만 켜면 냉난방이 되는 편리함은 없다. 여기서는 직접 나무를 베고 토막 내서 난방을 해야 한다. 자연 생태계와 연결된 셈이다.

많은 젊은이들이 나에게 편지를 보내고 또 직접 이곳을 방문한다. 그들은 기존 삶, 예를 들어 자본주의 경제와 경쟁만 유도하는 교육, 그리고 평생 갚아야 하는 주택 대출금에서 벗어나기를 원한다. 또 자연과 교류하는 삶을 희망한다.

나는 그들의 열망이 어디로 향할지 모른다. 1970년대에 거세게 불었던 히피 문화가 다시 복원될지, 혹은 또 다른 희망이 될지 알 수 없다. 그러나 내가 확신하는 것은 우리는 생애를 통해 끊임없이 무엇인가를 배워야 한다는 것이다. 변화하고 진보해야 한다. 학교에서 지식을 채우듯이 삶에서 살아 있는 것을 배울 수 있다.

예술가로서 내 삶은 늘 새로운 것을 추구했다. 건축가로 시작했지만 어느 순간 원예 세계에 빠졌다. 새로운 것을 배우거나 시작할 때 드는 '낯선 느낌'을 즐겨야 한다. 다시 19세의 나이로 돌아가 새것에 흥미를 갖고 빠진다. 많은 사람들은 무엇인가를 갈망한다. 삶은 끊임없는 지적 활동의 연속이다. 새먼 크리크 팜 공동체 삶은 우리를 다시 연결하고 우리가 가진 잠재력을 확인하는 첫걸음이 될 것이다.

CABINS ARCHIVE

Roman Schnobrich | *The Encampment* | Billings, Montana

Trevor Gordon | Truckee, California

Ben Hayes | *Hyla Huts* | Timber, Oregon

Dan Huntington | Columbia River Gorge, Washington

Jeff Waldman | California coast

Alana Paterson | *Lost Chainsaw* | Gabriola Island, British Columbia, Canada

Michael Basich | Donner Summit, California

Sacha Roy | Canada

Vince Dickson | Hudson, New York

Samuel Glazebrook | *The Cabin* | Elbow Lake, Montana

William Winters | *I'm Going to the Dam* | Washougal, Washington

Michael Murphy | *The Temple* | Grapeview, Washington

Shea Pollard | *Betty's Tiny Home* | Haida Gwaii, British Columbia, Canada

Scott Cushman | Underwood, Washington

Amy O'Hoyt | *The Cabin* | Elbow Lake, Montana

Jay Nelson | Hawaii

Michael Basich | Donner Summit, California

Adam Ram | Silent Lake, Poland

태평양 북서부의 오프 그리드 라이프

Off Grid in the Pacific Northwest with Tree Climber Ryan Cafferky

—

라이언 Ryan Cafferky은 등반가이며 수목 재배가다.
그는 오리건주 후드 리버 카운티에 살고 있다.

2009년, 나는 미국 북서부에 위치한 오리건주 후드 리버에 왔다. 이곳 통나무 집에 처음 왔을 때, 3.5×7미터 크기의 방만 있었다. 동쪽으로 난 현관문에 창문 하나만 있는 작은 통나무집이다. 내가 가장 먼저 한 것은 부엌 수리였다. 그리고 단열이 전혀 안 되던 지붕을 고쳤다. 그곳은 쥐와 새들의 천국이었다. 동쪽과 서쪽에 각각 작은 방 두 개를 추가했다.

난방은 프로판 가스와 목탄 난로를 사용했다. 온수 시스템은 없었다. 한동안 헤드램프와 등유 랜턴, 그리고 양초를 사용했다. 2015년, 이사 가는 친구한테서 패널과 충전기, 그리고 6볼트 배터리 전환 장치 등 태양열 시설 몇 개를 구입했다. 배터리는 심방 전용 딥 사이클 구조다. 흔히 골프 카트 배터리로 불린다. 그다음에 구입한 배터리는 AGM(Absorbent Glass mat) 타입이다. 포틀랜드에서 발전소 해체 작업을 하던 사람에게서 구입했다.

지금 내가 사용하는 태양광 장치는 원래 것보다 좀 더 크다. 정원에 240와트 패널을 설치했고 충전기를 통해 24볼트, 100적산전류 리튬 배터리로 모인

다. 과학기술의 눈부신 발전을 확인할 수 있다.

오프 그리드 라이프를 위해선 에너지, 즉 전기 사용 시점을 잘 알아야 한다. 예를 들어 밤 9시 30분에 건조기를 돌리거나 진공청소기를 사용하는 것은 어리석은 행동이다. 이것들은 아침 시간에 써야 한다. 그래야 낮에 전기를 충전할 수 있다. 전기를 사용할 때는 신중해야 한다. 내가 가진 전기가 얼마나 남았는지 확인해야 한다. 처음 이 생활을 할 때 자주 잊어 어려움에 처하곤 했다.

식수는 집에서 3킬로미터 떨어진 하천을 이용했다. 그곳에서 집까지 파이프를 설치하는 데는 많은 노동이 필요했다. 유지도 쉽지 않다. 파이프 누수가 자주 발생했고 그때마다 수리했다. 가끔, 내가 상수도 관리회사에서 일하는 것 같은 생각이 들 정도다.

온수 시스템은 힐코일 제품이다. 금속 코일을 장작 난로에 설치해 탱크와 연결하는 단순한 구조다. 난로에 불을 피우면 열이 물을 데우고 순환시킨다. 펌프와 별도 전기 설비도 필요 없다. 단순하지만 효율성이 높다. 겨울철에 난로가 꺼져도 더운물이 순환하면서 24시간 정도는 집을 따뜻하게 한다.

음식물 보관도 온도 조절 장치가 있는 냉장고로 해결했다. 미리 온도를 맞추면 일정 온도가 되었을 때 작동을 멈춘다. 예를 들어 섭씨 3도인 냉장고가 1도까지 온도가 떨어지면 작동을 멈춰 음식물이 어는 것을 방지한다. 항상 음식물을 신선하게 보관할 수 있는 장점이 있다.

나는 분리된 형태의 집 구조를 선호한다. 통나무집 옆에 침실로 사용할 나무집을 만들었다. 그리고 기존 통나무집은 거실로 이용했다. 지금은 다시 통나무집을 침실로 쓰고 나무집은 손님방으로 사용한다. 올해에 컨테이너도 새로 구입했다. 온갖 도구와 잡동사니들을 보관할 공간이다. 그만큼 생활공간이 넓어졌다. 삶의 질이 그만큼 올라간 셈이다.

사람들은 나에게 어떻게 이런 생각을 하고 자연생활에 필요한 것들을 아느냐고 질문을 하곤 한다. 물론 기존의 생활과 다른 오프 그리드 라이프를 살기 위해선 어느 정도 독립성도 있어야 하고 손재주가 필요하다. 그러나 나 역시 그런 재능들을 처음부터 갖고 있지 않았다. 대부분은 직접 체험하면서 배웠다.

 필요한 정보는 가끔 책에서 구했다. 중고물품 거래 사이트인 크레이그리스트^Craigslist를 검색하다가 어떤 물품을 발견하면 '음, 이렇게 활용하면 멋진 것이 나오겠는데'라는 생각을 한다. 지금 사용하고 있는 냉장고도 이렇게 구했다. 오프 그리드 라이프에서 필요한 것은 생각의 자유로움, 그리고 직접 해보는 것이다.

CHAPTER 2
천막집
YURTS, TENTS, AND HUTS

로키산맥 아래
12평 작은 공간의 천막집

Living Off Grid at Nine Thousand Feet in a Yurt in the Rocky Mountains with Steven and Hanna Nereo

―

스티븐 Steven과 한나 네레오 Hanna Nereo는 콜로라도주 산미겔 카운티에 자리 잡은 2.7킬로미터 로키산맥에서 텐트 생활을 하고 있다. 스티븐과 한나는 사진작가로 활동한다.

3년 6개월 전, 우리는 LA에서 콜로라도로 이사 왔다. 오두막집을 지을 목적으로 2.7킬로미터 높이에 있는 땅을 샀다. 우리는 첫해 여름을 밴에서 머물며 이곳 자연환경에 익숙해졌다. 만약 우리가 집을 짓는다면 설계와 시공, 허가 등 많은 서류 작업이 필요했다. 그때 떠올린 것은 유르트였다(Yurts : 중앙아시아 키르키스 지방 유목민이 사용하는 천막 형태의 집). 어떤 서류 작업도 허가 절차도 필요 없다. 원한다면 바로 시작할 수 있는 집이다.

관심을 두고 좀 더 천막집에 대해 살펴보았다. 유르트를 만드는 회사는 두 곳이다. 북서부에 있는 퍼시픽 유르트, 다른 한 곳은 우리가 사는 곳에서 불과 1시간 떨어진 거리에 있는 콜로라도 유르트였다. 느낌이 좋았다. 우리 근처에는 이미 많은 사람이 천막집, 유르트에서 살고 있었다. 우리는 그들을 만나 천막 속 삶을 들여다볼 수 있는 기회를 가졌고 사전 지식도 구했다.

천막집의 장점 중 하나는 건축 단계를 손바닥 보듯이 환하게 파악할 수 있

다는 것이다. 디자인적으로 구조물의 형태가 잘 짜여져 있는 게 특징이다. 통나무집은 어떤 것으로든 어떤 형태로든 지을 수 있지만, 도시에서 막 벗어나 처음으로 집을 짓는 우리에게는 벅찬 일이었을 것이다.

우리는 천막집의 토대를 만들고 직접 천막을 조립했다. 마루를 깔고 구조물을 세우는 데 걸린 시간은 단 이틀. 덕분에 우리는 곧이어 닥친 우기도 피할 수 있었다. 필요한 것은 매뉴얼과 약간의 도구, 그리고 유르트였다. 우리가 이렇게 쉽게 집을 완성한 것이 실감나지 않을 정도다. 사실, 업체에 주문하고 관련 자재들을 받았을 때 막막했다. 무엇을 어떻게 시작해야 할지, 우리가 과연 이것을 할 수 있을지 자신이 없었다. 그러나 매뉴얼을 보고 단계를 하나씩 밟아가면서 희열을 느꼈다. 그리고 마침내 우리의 공간, 유르트가 완성되었다.

도시에서 벗어난 자연의 삶을 추구하는 우리에게 유르트는 딱 맞는 주거 형태다. 화장실도 있고 110볼트 태양광 장치도 설비되어 있다. 나무 난로 덕분에 추운 겨울도 따뜻하게 보낼 수 있다. 창문은 모두 남쪽을 향해 있어 콜로라도의 매서운 겨울을 따뜻한 햇볕으로 이길 수 있다.

우리는 우리가 사는 집 건축 과정에 모두 참여했다면 훨씬 더 친밀한 느낌이 들 것이다. 편리한 도시 생활을 박차고 나온 이유가 바로 이런 것이다. 새 삶에 적응하고 늘 일어나는 자질구레한 문제들을 스스로 해결하면서 느끼는 희열은 덤이다. 이런 과정을 통해 삶의 주체로 거듭난다. 우리는 기존 삶에서 타인에게 너무 의존한다. 집에 조그만 문제가 생겨도 전문가를 불러 수리를 맡긴다. 편안하지만 일면 타율적인 삶이다. 하지만 우리가 직접 만든 집이라면 그 안에서 생기는 문제들은 모두 스스로 해결할 수 있다.

도시 생활을 벗어나면 기존에 누리던 편리함이 유혹으로 다가온다. 그러나 막상 현실에서는 그것들이 그다지 필요 없다. 느린 삶 속에서 자신에게 무엇이 정말 필요한지 명확하게 알 수 있다.

유르트가 완성되면 텅 빈 공간을 채우고 싶은 욕망이 든다. 마치 도시 삶처럼 말이다. 이곳은 부엌, 저기는 거실 공간, 그리고 잠자는 장소 등으로 익숙하게 구분한다. 이 같은 시도는 천막집이 갖고 있는 장점, 즉 열린 공간을 망치는 주범이다. 도시 삶에서 살았던 인식을 바꾸고 열린 공간이 주는 장점을 살려야 한다. 내가 만든 천막집은 40제곱미터 크기다. 그러나 남은 공간을 다 사용하지 못할 정도로 넓다.

우리가 LA를 떠날 때 사람들은 우리를 이해하지 못했다. 하지만 이젠 상황이 바뀌었음을 실감한다. 친구들은 우리에게 전화해 이곳 생활을 궁금해한다. 인터넷 네트워크

는 어느 곳에 살든 우리들을 연결한다. 과학 기술의 발전은 새로운 행태의 주거 생활을 가능하게 만들었다.

삶을 변화시키기는 쉽지 않다. 오프 그리드 라이프를 계획했을 때 많은 걱정이 밀려왔다. 사슴뿔에 반려견이 다치지는 않을까 하는 그런 사소한 것을 포함해서 말이다. 그러나 이제는 교통 체증과 쌓이는 청구서를 걱정하지 않는다. 무의미하고 단조로운 일상 삶 속 반복에서 벗어나는 기쁨은 그 어느 것과도 비교할 수 없다. 원초적이고 건강한 삶을 살 수 있다. 새로운 도전과 그것을 극복하는 과정은 우리를 성장시킨다.

우리가 이곳에 정착한 후 가장 먼저 적응한 것은 반려견이었다. 밤이 되면 달을 보며 마치 늑대처럼 짖곤 한다. 그리고 우리 역시 자연과 함께하는 삶에 동화되었다.

YURTS, TENTS, AND HUTS ARCHIVE

Sora Blu | *Loomis Bell* | Loomis Lake, Washington

Alexia Springer | Eagle Eye | Ely, Minnesota

Michael Becker | *The Diamond Ridge Yurt* | Homer, Alaska

Ethan Suitter | *Bullfrog Basin Yurts* | Idaho Panhandle National Forest

Belinda Liu | Northern California

Ansel Ogle | Dean, Arkansas

Ann-Tyler and Brian Konradi | *Yurtopia Wimberley* | Wimberley, Texas

Michael Becker | *The Diamond Ridge Yurt* | Homer, Alaska

Ansel Ogle | Dean, Arkansas

Sora Blu | *Mounika* | Ocean Park, Washington

Matthew Furmanski | Ventura, California

CHAPTER 3

친환경 주택과 동굴집
EARTHSHIPS AND UNDERGROUND STRUCTURES

산타크루즈 산맥에 친환경 재생주택 짓고 살기

Building and Living in an Earthship in the Santa Cruz Mountains with Builder Taylor Bode

—

캘리포니아 산타크루즈산에서 친환경 자급자족 주택을 짓고 사는 테일러 보데 Taylor Bode 는 예술가이며 건축가다.

우리 부부가 친환경 재생주택(Earthship : 재생 에너지를 동력으로 하고 폐타이어, 재활용품 등으로 집의 일부를 만든 친환경 자급자족 주택)을 처음 본 것은 타이완에서다. 그때 우리는 20대였고 영어를 가르치며 세계 여행을 다니던 중이었다. 덕분에 저렴한 비용으로 여행을 다닐 수 있었다. 타이완에서 우리는 〈쓰레기의 공습〉이라는 다큐멘터리를 봤다. 마이크 레이놀즈가 만든 이 영화는 친환경 재생주택에 대한 모든 것을 담고 있다. 이 영화를 보기 전까지 우리는 친환경 재생주택에 대한 사전 지식이 거의 없었다. 마이크는 이 영화에서 친환경 재생주택 건축 과정과 폐자재 활용 건축기법, 그리고 자연 친화적인 태양열 난방기법 등을 소개했다. 이 다큐멘터리를 보고 우리는 깊은 감명을 받았다.

친환경 재생주택 관련 세미나에 참가하기 위해 뉴멕시코의 타오스로 거처를 옮겼고 미국 전역을 다니며 친환경 재생주택 견학과 건축 과정에 참가했다. 그리고 마침내 우리만의 친환경 재생주택을 만들 수 있다는 자신이 생겼다. 중요한 것은 땅이었다. 샌디에이고에서 북쪽으로 이동하면서 적당한 지역을 물색

한 끝에 산타크루즈에서 적합한 곳을 발견했다.

그러나 수중에 땅을 살만한 돈이 부족했다. '지성이면 감천'이란 옛말처럼 주위 도움이 큰 힘이 되었다. 친구가 근처에 땅 소유주를 소개해주었고 우리는 그곳에서 일하면서 돈을 모을 계획이었다. 그러나 친환경 재생주택에 대한 우리의 비전을 듣자 그는 흔쾌히 토지 일부를 무상으로 제공했다.

기초 단계에서부터 전 공정에 이르기까지 우리는 가능한 한 적은 돈을 들여 진행했다. 필요한 것들은 주위에서 조달했다. 장작 난로가 필요하다고 중고거래 사이트에 올리자 어떤 사람은 무료로 배달까지 해주었다. 또 다른 물품은 우리가 노동력을 제공하고 물물교환으로 확보했다.

아이들은 언제나 나무집이나 친환경 재생주택 형태의 집에 매혹된다. 땅속, 혹은 하늘에서 산다는 것에 인간의 원초적인 끌림이 있기 때문이다. 인간 거주 역사를 보면 그 이유를 알 수 있다. 뉴멕시코 차코 캐니언이나 애리조나 몬테수마 캐슬을 보라. 그곳에선 안전하다는 느낌이 들면서 땅의 기운을 느낄 수 있다. 그렇지만 열린 공간은 야생 동물의 표적이 되기 쉽다.

친환경 재생주택 같은 공간에서 지하 생활을 하면 마치 엄마 품 같은 땅에서 느끼는 안도감을 가질 수 있다. 집 온도는 지상에서 느끼는 온도와 다르다. 남쪽으로 난 창에서 매일 아침 뜨는 해를 바라본다. 매일 변하는 해와 빛의 각도에서 계절의 변화를 실감한다. 이런 과정을 보고 있으면 지구 행성이 우주에서 날아온 거대한 공이라는 사실을 알 수 있다. 도시 삶에서 느끼던 혼란과 바쁜 생활에서 깨닫지 못했던 자연의 느린 삶을 알게 된다. 해가 떨어지고 어둠이 찾아오면 잠자리에 든다. 당연히 겨울에 더 일찍, 더 많이 잔다. 계절 변화와 동굴 입구를 비추는 햇빛에 우리 라이프 사이클을 맞추는 자연의 삶이다.

사람들이 친환경 재생주택에 대해 내게 물어올 때마다 내가 강조하는 것은 기온이다. 친환경 재생주택에 적합한 지역은 생각보다 많다. 알맞은 조건을 갖춘 곳은 더 편안한 삶을 제공한다. 너무 춥거나 더운 지역을 선택하면 예상치 못한 어려움을 많이 만난다. 춥거나 더운 곳은 친환경 재생주택 거주공간으로 적합하

지 않다.

　과테말라에서 친환경 재생주택을 지으려는 사람을 만난 적이 있다. 그가 거주하는 지역의 환경에 대해 이야기를 나누었는데 결론은 '부적합'이었다. 대신 대나무집을 추천했고, 결과적으로 모두를 만족시켰다. 최선의 선택이 최선의 해결책이란 것을 다시 한번 확인했다. 결론을 미리 정해놓고 일을 추진하면 안 된다. 자신이 살 지역 환경에 가장 적합한 형태의 집을 짓는 것, 그것이 성공의 첫 단계다.

　두 번째로 친환경 재생주택을 짓는 데는 생각보다 고된 노동이 필요하다는 사실. 친환경 재생주택은 노동 집약적인 건축 과정이다. 혼자서는 힘들고 우리 일에 동참하고 도와줄 친구들의 손이 절실히 필요하다. 그렇지 않으면 생각보다 더 오랜 기간 친환경 재생주택 건축에 매달릴 수밖에 없다. 그러나 지레 겁먹을 필요는 없다. 땀에 대한 보상은 크고 확실하다. 재활용 재료와 폐자재를 활용한다면 예산은 대략 1만 달러면 충분하다.

EARTHSHIPS AND UNDERGROUND STRUCTURES ARCHIVE

Cyrus Sutton | Ojai, California

Amy and Tom Jones | *The Burrow at Dolassey Farm* | Powys, Wales, United Kingdom

Jon Giffin | *Forest Gully Farms* | Fly, Tennessee

Jon Giffin | *Homey Dome* | Taos, New Mexico

Jon Giffin | *Phoenix Earthship* | Tres Piedras, New Mexico

CHAPTER 4

컨테이너 생활
SHIPPING CONTAINERS

뉴욕 허드슨강 변 컨테이너 하우스에서의 휴양 생활

Chris Graham's Off Grid
Shipping Container Getaway
in Upstate New York

—

크리스 그레이엄 Chris Graham과 함께하는 뉴욕주 북부지역 컨테이너 생활. 크리스는 음악 프로듀서이며 뉴욕 브루클린에 살고 있다.

나는 오랜 기간 뉴욕에서 살았다. 많은 곳을 여행 다니고 여러 곳에서 살았지만 항상 그 끝은 뉴욕이었다. 뉴욕을 사랑했기 때문이다. 그러나 번잡한 대도시 생활은 가끔 큰 스트레스로 다가왔다. 문득 '이곳에서 계속 살려면 어떻게 이 스트레스를 벗어나지'라는 의문이 들었다.

처음에 뉴욕에 왔을 때 나는 차를 없앴다. 그때의 기분, 자유로움을 잊을 수 없다. 그러나 차가 없어지자 내가 다닐 수 있는 공간 역시 큰 제한을 받았다. 나의 생활 반경이 뉴욕 지하철과 기차가 다니는 지역으로 줄어들었다. 그때 아내가 될 사람을 만났고 그녀는 차를 갖고 있었다. 덕분에 우리는 뉴욕주 구석구석을 다닐 수 있었다. 우리는 대도시를 벗어난 삶에 대해 진지하게 생각했고 그런 지역을 찾기 시작했다.

대도시 뉴욕으로 대표되는 뉴욕주는 생각보다 넓다. 아름답고 한적한 시골이 많다. 예를 들어 애디론댁스와 캣스킬스 등등은 뉴욕을 조금만 벗어나면 만나는 전원 지역이다. 지금 우리가 사는 곳은 뉴욕에서 남동쪽으로 160킬로미터

정도 떨어진 윌로우목이라고 불리는 아주 작은 마을이다. 2년 전에 이곳의 아파트로 이사 왔다. 여기서 우리는 자연생활에 동화되었고 캠핑을 하면서 자연을 즐겼다. 점차 자연생활에 자신이 붙게 되자 마침내 결심했다. '그래, 이젠 좀 더 자유로운 삶을 살자, 우린 할 수 있어'.

땅을 구입하기로 결심하고 나자 수많은 의문과 현실적인 문제가 밀려왔다. 교외에 거주하면 우리 일을 어떻게 병행하지, 도시로 주말마다 나와야 하나, 아니면 여름에만 거주해야 하나. 무슨 형태의 집을 짓고 살지 등 고민이 꼬리에 꼬리를 물었다.

나와 아내는 좀 더 색다른 형태의 집을 원했다. 우리가 이곳 땅을 구입했을 때 폐차 트럭과 낡은 트레일러만 있는 황무지였다. 우리는 백지상태에서 시작했다. 처음엔 편의시설을 모두 갖춘 글램핑을 생각했다. 텐트와 작은 통나무집들을 찾아봤다. 편리함도 중요했지만 그렇다고 별장같이 럭셔리한 것을 원하는 것은 아니었다. 태양열 발전과 퇴비시설을 갖춘 화장실 정도면 충분했다. 무엇보다 일상적인 삶에서 벗어나는 자연 친화적인 삶을 희망했다. 유지비를 적게 들이면서 절제된 삶을 사는 것, 그리고 쓸데없이 잡다한 것에서 벗어나는 것이 중요했다.

구입한 땅을 보러 가서 며칠간 머물기 위해 에어비앤비를 검색하던 중 컨테이너 하우스를 발견했다. 한 칸짜리 컨테이너였는데 이제까지 한 번도 보지 못한 단순한 디자인이었다. 나는 컨테이너 하우스를 검색하며 수많은 형태의 집을 찾았다. 단순한 형태부터 예술적인 경지에 오른 것까지 컨테이너 하우스 종류도 천차만별이었다. 그러나 우리는 에어비앤비에서 발견한 단순한 형태의 컨테이너 하우스에 마음이 더 쏠렸다. 두 개의 문이 있는 2.5×6미터 크기의 컨테이너다. 그곳에서 머물면서 실제 컨테이너 하우스 살이를 체험해보기로 했다.

에어비앤비로 예약하고 처음 찾았던 날을 아직도 기억한다. 나와 아내가 컨테이너 하우스에 첫발을 내딛던 순간, '그래 바로 이거야'라는 느낌을 받았다. 컨테이너 소유주에게 연락했다. 이 집을 지은 사람이 누구냐고 묻자, "마이클"이란 답이 왔다. 그는 불과 1.6킬로미터 떨어진 브루클린 레드 훅에 살고 있었다.

그와 만나기 전 컨테이너 하우스에 대해 좀 더 조사했다. 우리 스스로 지을 수 있는 것인지, 어떤 장단점이 있는지에 대해 상세하게 알아봤다. 즉시 거주가 가능한 조립식 컨테이너 하우스도 많았다. 직접 설계하기를 원한다면 철 구조물 작업이 필요하다. 당연히 용접 기술이 요구된다. 그러나 나는 그런 경험과 기술이 없어서 전문가를 고용하기로 했다. 마이클의 사무실로 직접 찾아갔다. 그곳은 다양한 형태의 컨테이너 하우스 설계도면으로 가득 찼다. 마이클은 열정적으로 집에 관해 설명했다. 우린 그에게 도움을 요청했고 그는 흔쾌히 합류했다.

컨테이너 하우스의 장점 중 하나는 신속성이다. 땅을 구입했다면 더 머뭇거릴 이유가 없다. 시작부터 완공까지 불과 몇 개월 안 걸렸다. 11월에 땅 구입을 한 후 마이클이 본격적으로 공사를 시작한 것은 1월이다. 그리고 여름이 되기 전에 우리만의 공간, 컨테이너 하우스를 가졌다.

컨테이너 하우스에서의 생활은 기존 주택에서의 삶과 완전히 다르다. 실내에 배터리로 작동되는 조명 시설이 있고, 두 개의 충전용 LED 조명이 있는데 밝고 멋지다. 태양열 발전 장비가 있지만 전기를 거의 사용하지 않고 장작 난로

를 이용해 난방 문제를 해결했다. 음식 조리에는 캠핑용 스토브를 사용했고 LPG 통에 연결된 가스를 썼다. 그릇을 씻는 작은 개수대가 있었지만 하수 처리 시설은 없다. 근처에 하천이 흐르고 있어 가끔 그곳에서 큰 통에 물을 담아와 사용했다.

모든 과정은 단순했다. 그리고 우리 계획대로 진행되었다. 우리가 원한 것은 완전한 형태의 집이 아니다. 캠핑 수준에서 한 단계 더 발전한 형태의 집을 찾았고 마침내 만난 것이다. 도시를 벗어난 우리만의 거주지를 가졌다. 날치로 유명한 윌로우목 크리크 근처 2만4천 제곱미터가 우리 삶의 새 터전이다. 많은 시간을 집 내부에서 보내게 유혹하는 화려한 편의시설은 없다. 그러나 자연과 더불어 삶을 사는 컨테이너 하우스에 우리는 만족했다.

예상하지 못했던 또 다른 기쁨도 있다. 사회생활이 더 활발해졌다. 근처에는 탈도시를 감행한 많은 예술가들이 살고 있다. 저렴한 주거비와 필요하다면 언제라도 도시 접근이 가능한 지리적 이점 때문이다. 그들과 교류하면서 우리 삶은 더 풍성해졌다. 만약 당신이 프리랜서라면 컨테이너 하우스는 훌륭한 선택이 될 수 있다.

SHIPPING CONTAINERS ARCHIVE

Jon Wood | *The Hobbit House* | Rolling Hills Estates, California

Casey Tane | White Salmon, Washington

Jon Wood | *The Hobbit House* | Rolling Hills Estates, California

Mike O'Toole and Tim Gilman-Sevcik | *Contanium Cabins* | Hudson Valley, New York

Rob Cox | *The Hedge House* | Dorset, United Kingdom

CHAPTER 5
나무집
TREE HOUSE

워싱턴 산맥 아래 집단 거주지역의 트리하우스

A Treehouse Colony in the Mountains of Washington

—

포스터 헌팅턴 Foster Huntington 은 사진작가이며 영화제작자다.
그는 워싱턴주 스카마니아 카운티의 나무집에서 살고 있다.

"왜 나무로 만든 집이죠?"라는 질문을 수없이 받는다. 누군가 그런 질문을 하면 혼란스럽다. 나는 나무집에 확신을 갖고 있기 때문이다. 뭔가 질문을 한다는 것은 그것을 이해하지 못한다는 이야기다. 나는 주변 환경이 삶에 커다란 영향을 끼친다는 것을 믿는다. 우리 집은 내게 '불가능은 없다'는 사실을 일깨워주었다. 가족, 친구들과 나무집을 지은 것도 놀라운 경험이다.

나와 친구 터커에게 있어 나무집을 짓는다는 것은 어릴 적 꿈을 실현하는 것이었다. 어릴 때 우리는 조그만 나무집을 만들곤 했다. 우리 부모님들은 건축 공사장에서 일을 해서 주변에는 우리만의 나무집을 지을 재료가 많았다. 대학 시절, 터커와 나는 룸메이트였다. 우리는 영화 〈스위스의 로빈슨 가족(Swiss Family Robinson)〉에 나오는 나무집에 대해서 들떠 이야기하며 주차장 한구석에 쌓여있던 눈더미에 동굴집을 짓곤 했다(Swiss Family Robinson : 외딴 섬에 고립된 한 가족이 그곳에서 집을 짓고 살아가는 이야기를 담고 있는 미국 영화. 1960년에 개봉해 큰 인기를 끌었다).

터커는 바닷가 부근 공사장에서 목수로 일했다. 나 역시 아버지를 도와 집과 가구를 만들었다. 26살의 두 청년은 나무집 건축에 대한 구체적인 지식이 없었다. 그러나 우리는 열정을 갖고 이 프로젝트에 뛰어들었다. 드디어 우리 꿈을 실현할 수 있게 되었다. 본격적으로 나무집을 만들기 위해서 많은 준비가 필요했다.

우리는 전설적인 나무집 개척자인 마이클 가르니에를 참고했다. 그는 오리건주 남쪽 지역에 '아웃 앤 어바웃'이라는 세계에서 가장 큰 나무집 타운을 지은 사람이다. 그는 나무집 제작에 필요한 각종 부품과 플랫폼 공급 회사를 운영하고 있다. 그가 만든 가르니에 림^{Limb}은 나무 위에 설치할 기반을 만들 때 가장 필요한 부품이다. 대표적인 친환경 부품으로, 나무에 피해를 주지 않는 대형 볼트다. 나무가 자라면서 자연스럽게 가르니에 림과 나무는 하나가 된다.

나무집 플랫폼 작업이 끝나자 나무 위의 집과 집을 연결하는 다리 작업이 이어졌다. 터커와 나의 노동력만으로는 부족했다. 우리는 메인주와 캘리포니아

주에 사는 친구들에게 도움을 요청했고 그들은 바로 달려왔다. 차에서 자고 캠핑 생활을 즐기며 맥주를 마시던 '도시 속 카우보이' 같은 삶을 산 친구들이었다. 대부분 건축 전문가가 아니었지만, 문제가 되지 않았다. 우리는 필요한 자재들을 구하려고 중고거래 사이트를 검색했고 근처 폐자재 공장을 뒤졌다.

누군가에겐 쓰레기지만 또 다른 사람에게는 보물이 될 수 있다. 당시 포틀랜드 지역은 마치 죽지 않는 좀비가 번성하듯 대규모 콘도 사업이 한창이었다. 콘크리트 콘도를 짓기 위해 오래된 빅토리아풍 집들이 사라졌다. 덕분에 엄청나게 많은 미송과 백향목 같은 좋은 목재들을 쉽게 발견할 수 있었다.

우리는 저렴한 가격으로 나무집에 필요한 삼나무와 부품을 구입했다. 어떤 목재는 100년 된 못이 박혀 있기도 했다. 이런 부품을 제거하고, 나무집 골조를 만들고, 나무로 옆을 둘렀다. 더 실용적인 팁을 이야기하자면, 창문은 2008년 금융위기 때 공사가 중단된 콘도 사업자에게서 구입했다. 나무집끼리 연결하는 다리를 만들 때는 컬럼비아강을 다니던 배를 이용했다. 지붕은 아연 도금된 금

속판을 활용했다.

　자기 집을 직접 지어본 사람은 알 것이다. 나무집 역시 끝없는 과정이다. 구조를 수시로 바꾸고 공간 재구성 작업이 일상적으로 이뤄졌다. 터커와 나는 이 작업을 함께했다. 공정이 중간 정도 되었을 무렵 눈 내리기 전에 마칠 수 있도록 서둘렀다. 더는 머뭇거릴 시간 여유가 없었다. 우리는 거처를 이곳으로 옮겨 작업에 속도를 냈다. 되돌아보면 친구와 함께 나무집을 짓느라 보낸 이때가 내 인생에서 가장 행복한 시간이었다.

　이 책에는 장작불을 때서 물을 데우는 욕조가 자주 등장한다. 불을 때서 물을 데우는 건 같지만 집마다 적용하는 방식은 조금씩 다르다. 분명한 것은 몇 시간 동안 불을 때서 물을 데우는 걸 좋아하는 사람들에게는 커다란 만족감을 준다는 사실이다.

　컬럼비아강 골짜기에 있는 나의 나무집을 찾은 사람들은 미국 북서부 지방의 혹독한 겨울 추위를 잊게 하는 난방 시설에 놀라고 만족했다. 추운 겨울날, 따뜻한 방에 오순도순 둘러앉아 이야기를 나누는 기쁨은 그 무엇과도 비교할 수 없다.

　나는 주택 환경 잡지 〈마더 어스 뉴스(Mother Earth News)〉 기사를 참고해 '초푸 스토브 Chofu Stove'를 선택했다. 온수용 물탱크는 쉽게 구할 수 있는 아연 도금 강철 재료를 사용했다. 스토브 옆에 물탱크를 설치해 '열 사이펀 Thermal siphoning'이라 불리는 온수 시스템으로 물을 데우는 방식이다. 찬물이 관을 통해 탱크로 들어가 스토브의 열로 데워지고, 데워진 물은 스토브 위에 있는 꼭지를 통해 나와 찬물이 다시 탱크로 들어가는 순환구조다. 단순한 방식이지만 실용성이 높고 효과는 모두를 만족시킨다.

　나는 잡지에서 추천한 대로 욕조 높이를 가슴 높이 정도로 했다. 그리고 물 데우는 속도를 더 높이기 위해서 두 개의 난로를 설치했다. 결과는 대만족이다. 근처 목재상에서 싸게 구입한 펜스용 삼나무로 탱크 주위를 둘렀더니 보기 좋고 아름다운 구조물로 재탄생했다. 스토브의 성능은 어떤 나무 재료를 태우느냐에 따라 결정된다. 우리 집은 보통 2시간 30분에서 4시간 정도 온수를 사용할 수 있다.

물탱크 뚜껑은 크기에 맞는 5센티미터 크기의 폼 재료를 사용했고, 텅 앤 그루브 조인트 방식으로 두 개의 삼나무를 붙여서 그 위를 가렸다.

우리는 1년 내내 뜨거운 물을 사용했다. 미국 태평양 북서부에서도 해발 340여 미터의 이 지역은 혹독한 겨울 추위로 유명하다. 한여름 7월에도 해가 지면 섭씨 10도 이하로 떨어지는 날이 많다. 겨울에 온수 욕조를 사용하는 것은 기억에 남는 추억이다. 사람들을 한곳에 모으는 마력이 있다. 나는 교외 주택 뒷마당이나 로키산맥 오두막집에도 야외 온수 욕조 설치를 추천한다.

Django Kroner | *The Observatory Treehouse* | Red River Gorge, Kentucky

Django Kroner | *The Observatory Treehouse* | Red River Gorge, Kentucky

Isaac Johnston | *River Treehouse* | Bigfork, Montana

Michael Garnier | *Out'n'About Resort* | Cave Junction, Oregon

Django Kroner | *The Observatory Treehouse* | Red River Gorge, Kentucky

Howard Fenton and Elaine Sol | *Shaky Knees* | Youngren Creek, British Columbia, Canada

Adam Ram | Silent Lake, Poland

Howard Fenton and Elaine Sol | *Shaky Knees* | Youngren Creek, British Columbia, Canada

Forest Woodward | North Carolina

Hunter Bancroft | *Mary Crossfield Ray of Sunshine Treehouse* | Roseburg, Oregon

Stevie Page | San Francisco, California

Michael Murphy | Yelm, Washington

CHAPTER 6

작은 집
TINY HOME

꿈속의 작은 집 짓기

**Building a Dream
Tiny Home with Tucker Gorman**

—

터커 고먼 Tucker Gorman 은 예술가이며 건축가다.
그는 캘리포니아주 오클랜드에 살고 있다.

2012년에 나는 친구 그레그와 함께 포드 애로스타에 짐을 가득 싣고 캘리포니아로 왔다. 작은 보트를 빌리기 전까지 우리는 밴에서 숙식을 해결했다. 처음부터 그럴 생각은 아니었다. 빠듯했던 호주머니 사정상 불가피한 선택이었다. 목공예 사업을 갓 시작해서 자금 사정이 그리 좋지 않았다. 당시 캘리포니아는 가뭄이 계속되었다. 수상생활을 하기엔 완벽했다. 정어리처럼 생긴 첫 임대 보트에서 6개월을 생활하다가 좀 더 큰 보트를 1천 달러에 구입해 거처를 옮겼다.

사람들에게 선상생활에 대해 이야기할 때 나는 종종 캠핑과 트레일러 생활을 예로 든다. 모두 도시의 다른 곳과는 달리 조용하다. 사방을 둘러봐도 시선을 가리는 건물이 없다. 탁 트인 하늘과 신선한 공기를 마주할 수 있다. 살기는 좋지만 확실히 '날것 그대로의 삶'이다. 독신자의 생활방식과 같다.

선상생활의 불편함은 나중에 나타났다. 캘리포니아에도 겨울은 온다. 추위가 심한 건 아니지만 습한 추위에 누수와 곰팡이가 끊임없이 위협해 겨울철 배 위의 생활을 어렵게 만든다. 이럴 때 난로가 큰 도움이 되었다. 이런 불편에도 불구하고 사람들에게 얼마 동안 배 위에서 살아보라고 추천하고 싶다. 물과 함께하는 배 위에서의 삶은 특별한 경험을 선사한다.

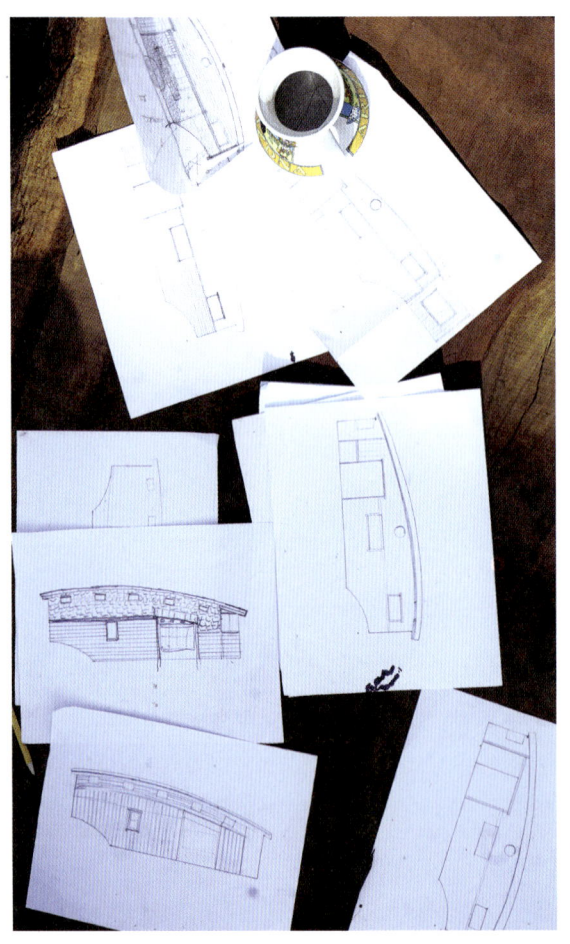

3년간의 수상생활을 마치고 작은 마당과 화장실이 별도로 있는 작은 방 하나를 구했다. 나쁘지 않았지만 나만의 생활공간이 필요했다. 1년이 지나지 않아 목공실과 붙어 있는 14제곱미터를 추가 임대했다. 옆에 아무것도 없는 독립 공간이었다. 이곳에서 2년이란 시간이 훌쩍 지나갔다.

집을 구할 때 내 기준은 '싼 가격'이다. 조금만 시선을 낮추면 더 많은 자유와 여유를 가질 수 있다. 일상생활의 번잡함에서 벗어나는 새 공간을 만들 수 있다. 무엇인가를 더 갖기 위해 일을 많이 할 필요는 없다. 나는 사람들이 자신의 삶에 대해 더 창의적이고 지혜롭게 살기를 바란다. 상자 밖에도 다른 세상은 존재한다.

이런 삶에서 단순함은 핵심이다. 모든 사람이 이 같은 삶을 살 필요는 없다. 그러나 당신이 이런 삶을 선택한다면 그 보상은 의외로 크다. 물론 그에 따른 희생도 있다. 샤워 시설과 마음껏 쓰는 물, 그리고 수세식 화장실 등 현대 문명이 주는 편리함을 포기해야 한다. 그러나 시간이 지나면 성취감과 더불어 약간의 돈도 모을 수 있다. 어느 정도 불편을 감수한다면 더 쾌적한 삶을 누릴 수 있다. 그것은 당신만을 위한 공간이라는 형태로 나타난다.

최근에 나는 작은 집을 옮겨야 했다. 결혼을 해서 이 집에서 계속 살 수가 없었다. 불확실한 미래에 대해 많은 생각이 들었다. 아내 리자와 나는 작은 가구에 적합하도록 설계된 좀 더 영구적인 공간을 원했다. 우리만을 위한 디자인과 공간이 필요했다. 건축 일을 하면서 좋은 자재들을 많이 모아 두었는데, 드디어 그것들을 사용할 때가 되었다.

길이 7미터가량의 컨테이너를 구입해 내가 꿈꿔오던 집을 짓기로 했다. 목표를 느슨하게 잡고 설계 변경도 염두에 둔 채 일을 도와줄 친구들에게 도움을 요청했다. 1년이 지났지만 집은 아직도 건축 중이다. 세부적인 것 하나하나에 대한 지나친 집착과 복잡한 설계 때문이다. 하지만 그럴 만한 가치는 있었다. 즉흥적인 디자인이 오히려 더 좋은 결과를 보여준다는 것을 이번에 알았다.

좁은 생활공간에서는 모든 것이 아주 비좁게 느껴진다. 천장이 낮으면 집이 더 좁아 보이는데, 이런 집에서는 폐소공포증이 생기기도 한다. 이러한 문제점을 피해 볼륨감 있게 보이도록 설계했다. 침실은 캔틸레버 공법으로 공간을 확보해 킹사이즈 침대가 들어갔다. 지붕은 짐마차와 보트에서 영감을 받아 곡선 모양으로 천장을 높였다. 아늑하면서도 개방감을 살리도록 설계했다. 구석구석 다양한 요소들을 배치했더니 썩 잘 어울렸다.

처음엔 넓은 것 같아도 물건들이 들어차면 집이 좁게 느껴진다. 좁은 공간일수록 수납장을 활용하는 것이 중요하다. 우리는 부엌 캐비닛 밑 걸레받이 부분에 낮은 서랍을 설치했다. 넓은 집이라면 이런 고민을 할 필요가 없다. 그러나 작은 집에서는 모든 공간을 효율적으로 활용하는 것이 정답이다.

집 공사가 마무리되어 새집으로 이사했다. 페인트칠이나 가구 구입, 저장고 설치 등은 직접 살면서 하는 것이 더 낫다. 확실한 해결책은 '필요'에서 나온다. 살면서 무엇이 필요하고 무엇이 부족한지 알 수 있기 때문이다. 그때 가서 결정해도 늦지 않다. 살면서 무엇을 바꾼다는 것이 수고롭긴 하지만 하나씩 완성해간다는 즐거움이 있다. 그게 바로 사는 재미가 아닌가.

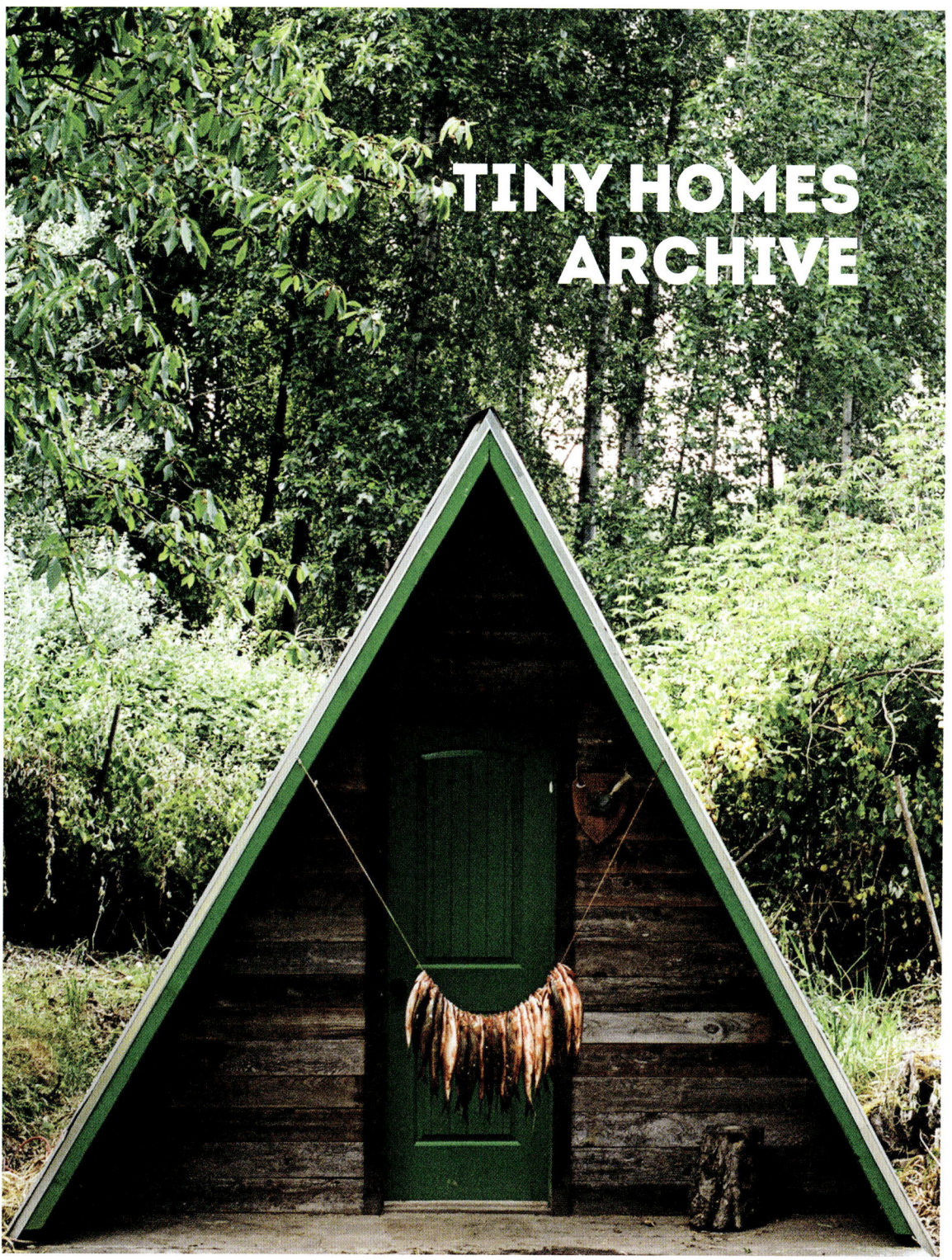

TINY HOMES ARCHIVE

Carey Quinton Haider | *Green House* | Portland, Oregon

Brett Higson and Mackenzie Duncan | *T-House* | Victoria, British Columbia

Joey Pepper | *Alma Saunas* | Portland, Oregon

Brett Higson and Mackenzie Duncan | *G-Suite* | Victoria, British Columbia

Paul Risse | *Kinda Tiny Home* | Hico, Texas

Ryan O'Donnell | *Acorn* | Ojai, California

Ryan O'Donnell | *Los Padres* | Ojai, California | Builder: Sage Stoneman

Robin Falck | *Nolla (Zero)* | Vallisaari, Helsinki, Finland

Ryan O'Donnell | Ojai, California

Stevie Hudson and Margarita Prokofyeva | *Rambling Caravan* | Big Sur, California

Jeremy Tuffli | Oak Grove, Oregon

Jack Potter | *Elk Crossing* | Columbia River Gorge, Washington

Scott Cushman | Underwood, Washington

Hannah Mettam | Perth, Australia

CHAPTER 7

배 위의 집
SAILBOAT HOME

강 위의 휴양지이자 대피소, **선상의 집**

Trevor and Maddie
Gordon's Sailboat Home
and Escape Pod

—

트레버 Trevor와 매디 Maddie는 캘리포니아주 산타바바라에서 보트 생활을 한다. 트레버는 전문 서퍼이고, 매디는 서핑용품점을 운영한다.

나와 아내 매디가 보트 생활을 한 지도 4년 6개월이 지났다. 우리가 살던 집에서 퇴거 명령을 받은 후 보트 생활은 여러 선택지 중 하나였다. 어릴 때부터 물과 친숙한 삶을 살았기에 자연스럽게 보트를 선택했다.

땅에서 바다로의 생활 변화가 쉽지는 않다. 육지에서 누리던 많은 것들, 나무들과 산책길에서 따던 과일들, 그리고 기르던 가축 등 기존 삶을 포기해야 한다. 그러나 잃은 것이 있으면 얻는 것도 있는 법. 우리는 자유를 얻었고 풍성한 해산물은 덤으로 따라왔다. 삶의 또 다른 전환이다.

우리 부부가 생활하기에 적당한 보트를 오랫동안 찾은 끝에 마침내 발견했다. 1987년에 롱비치에서 건조된 '브리사'라는 보트다. 보트 제조회사로 유명한 카탈리나 사가 만든 이 배는 길이가 10미터가 넘는다. 해변에서 40~80미터 정도 떨어져 있는 채널 제도의 섬들을 여행하는 단거리 맞춤형 배다. 배는 곧바로 산타바바라로 왔고, 이곳 마리나에 등록해 지금까지 정박해 있다.

카탈리나 사의 배는 다양한 편의시설을 제공한다. 그중에서도 브리사는

4인 가족이 머물기에 적당하다. 최대 6명까지 숙박할 수 있다. 무엇보다 이 배는 항해에 최적화되어 있다. 운전이 쉽고 유연하다. 전통적인 요트에 비해 넓은 공간과 단거리 선상생활을 쾌적하게 하는 편의시설도 장점이다.

원래 요트 공간은 대부분 음식과 물, 연료를 저장하는 공간으로 설계된다. 그러다 보니 생활공간은 당연히 축소된다. 반면 우리가 산 브리사는 300리터 정도의 물, 125리터 정도의 연료를 저장할 수 있다. 장거리 요트는 보통 1천500리터의 물 창고와 600리터 정도의 연료 창고를 갖고 있는데, 요트 공간의 대부분을 차지한다. 브리사는 장거리보다는 단거리를 주로 여행하는 우리 같은 사람에게 맞춤이다.

우리는 주로 항구에 정박한 배에서 생활했다. 화장실과 샤워는 항구에 마련된 시설을 이용했다. 우리는 매주 근처 섬으로 항해를 떠났다. 주로 1박 2일이었으나 어떤 때는 일주일 이상 바다에 머문 적도 있다. 바다 여행은 3차원적인 느낌을 준다. 길을 따라가지 않고 그냥 앞으로 갈 뿐이다. 항구를 뒤로하고 떠나는 내 앞에는 광활한 수평선만 놓여 있다. 배에서만 느낄 수 있는 특별한 감정을 만나게 된다. 육지 생활과 확연히 구별되는 또 다른 삶이다.

항구에 정박해 있을 때는 선상생활의 단조로움을 잊을 수 있다. 같은 땅이지만 항구 커뮤니티는 육지 생활과는 또 다른 체험을 선사한다. 어떤 면에서는 캠핑장 커뮤니티와 비슷한데 캠핑장보다는 조용하고 멋지다. 바다는 사람이 만든 육지 소음을 잠재운다. 항구는 도시의 일부지만 도시의 외곽에 있다. 항구 커뮤니티 시설을 즐기고 10분 정도 걸어서 돌아오면 배 위 생활이다. 물론 그때 필요한 식자재 등 무거운 짐을 들고 오는 불편은 감수해야 한다.

처음 이 배를 구입했을 때, 우리는 전기선과 일부 장치를 교체했다. 그러나 대부분은 처음 제작될 당시 모습이다. 인테리어는 거의 손대지 않았다. 카탈리나는 모든 것이 완벽하게 작동하도록 설계되었다.

선상생활에서 커다란 골칫거리는 곰팡이다. 따뜻한 여름에도 습기 제거를 위해 난로를 켜야 한다. 실내 습기를 제거하는 것이 가장 중요한데, 찬장 뒤는

곰팡이에 특히 취약하다. 우리는 정기적으로 곰팡이 제거를 위해 대청소를 했다. 한 달에 한 번 정도 배 밑바닥을 청소할 때는 항구에 설치된 별도 시설을 이용했다. 요트 시설물들이 자외선 피해를 받지 않도록 천으로 가리는 것도 중요하다. 선상생활을 유지하기 위해서는 많은 노력과 노동이 필요하다. 육지 집을 보수 관리하는 것과는 매우 다르다.

항구나 항해에서 좋은 사람을 만나는 것은 선상생활이 주는 커다란 즐거움이다. 육지와 완전히 다른 삶이다. 우리는 모두 계속 움직인다. 불가능이란 단어는 우리에게 아예 존재하지 않는다. "어디로 향할지 아직 모르겠어, 우린 지난 몇 달 동안 멕시코에 머물렀어, 아마도 다음 도착지는 갈라파고스가 되지 않

을까"라는 대화가 우리들 사이에 오간다. 어느 곳에나 닻을 내리고 또 언제라도 떠날 수 있다는 것. 이것이 선상생활 매력이다.

    어떤 사람들은 타히티섬에 머물다가 돈을 벌기 위해 잠시 돌아오고, 또다시 바다 여행을 떠난다. 보트는 어디라도 떠날 수 있는 자유여행권과 같다. 정수기와 태양열 발전기, 혹은 풍력 발전기만 있으면 지구 어디라도 갈 수 있다. 단, 음식은 배에서 자급자족해야 한다는 사실은 잊지 말자.

BOATS ARCHIVE

Andrew Tomayko | *Mounika (Silent Girl)* | Ocean Park, Washington

Andrew Tomayko | *Mounika (Silent Girl)* | Ocean Park, Washington

Gabriella Palko | *Zephyr* | Valdez, Alaska

Trevor Gordon | Catalina Island, California

Shane Hilder and Tia Soby | *The Landboat* | West Coast of Vancouver Island British Columbia, Canada

Craig Murli | San Francisco, California

Chase and Chelsea Eckert | *Esprit* | New Orleans, Louisiana

Foster Huntington | *Brisa* | Santa Barbara, California

Foster Huntington | Baja, Mexico

CHAPTER 8

자동차 생활
VEHICLES

말과 어드벤처가 함께하는 트레일러 하우스

Aniela Gottwald's Trailer Home for Horses and Adventures

—

애니엘라 Aniela는 최근 캐나다에서 멕시코까지 6천500여 킬로미터를 다니며 다큐멘터리를 만들었다. 여행길에는 무스탕 말 세 마리와 반려견이 동행했다. 그녀는 교육 비영리단체인 라이딩 와일드 Riding Wild를 설립해 운영하고 있다.

　　　　엄마가 나와 함께 여행하면서 편안하게 머물 수 있는 트레일러를 오랜 기간 찾았다. 엄마는 내 여행의 든든한 지원자다. 마침내 우리는 2002년 만들어진 다소 오래된 선다우너 트레일러를 발견했다. 그것을 개조해 우리만의 공간, 집으로 만들었다. 아버지는 건축가였고 어머니는 인테리어 디자이너로 일했다. 내 피에는 부모님의 이런 DNA가 흐르고 있다. 아버지가 돌아가시기 전까지 두 분은 함께 일하며 여러 장소를 친환경적이고 지속해서 살 수 있는 공간으로 변모시켰다. 아버지는 내가 디자이너가 되기를 원했다. 어릴 때부터 나는 무엇인가 늘 공간을 채우고 만드는 것을 좋아했기 때문이다. 내가 만든 공간은 사람들에게 특별했을 뿐 아니라 뭔가 성스러운 힘을 불어넣곤 했다.
　　우리는 선다우너 트레일러를 구입해 내부를 들어내고 인테리어에 필요한 자재들을 찾기 시작했다. 개조에는 주변에 버려진 폐자재들을 활용했다. 목재는 위스콘신주의 100년 된 낡은 헛간을 해체한 데서 나온 것을 사용했다. 돌 석판과 금속 디자인, 그리고 호빗 스토브(Hobbit Stove : 나무나 석탄을 연료로 사용하

는 작은 *다목적 난로*)를 설치했다. 우리 목표는 이 트레일러를 스칸디나비아 양식의 작은 오두막집처럼 만드는 것이다. 나의 뿌리는 스칸디나비아다. 그래서 나는 전통적인 스칸디나비아 디자인에 밝은 나무 조각으로 멋을 내는 스타일을 좋아한다. 작업은 끝났고 우리의 생활공간, '마더십'이 탄생했다.

12미터 길이의 트레일러를 2014년 닷지 램 3500 트럭에 연결했다. 이 픽업트럭은 커민스 디젤 엔진을 사용하는 힘 좋은 차로 유명하다. 트럭은 우리의 트레일러를 어느 곳이라도 데려다주었다. 내가 여행에 나설 때, 엄마는 차가 들어가기 어려운 곳까지 트럭을 운전해 나에게 필요한 물품을 조달했다. 비포장도로와 하천 등 차량 통행이 어려운 난코스도 우리 트럭에는 문제가 되지 않았다. 어려움과 만날 때도 있었지만 우리는 항상 극복했다. 운전할 때 가끔 길이를 깜빡하는 경우가 있어 트레일러의 양쪽이 긁히고 찌그러졌다.

여행을 떠날 때 보통은 트레일러 두 개를 연결했다. 세 마리의 말을 실어야 했기 때문이다. 두 마리는 내가 타는 것이고, 다른 한 마리는 나를 도와주는 사람이 타거나 비상시에 대비한 말이다. 그밖에 짐을 운반할 몇 마리의 노새도 있었다. 트레일러에는 말 세 마리가 탈 수 있다. 캠핑장에 도착하면 이동용 울타리를 설치해 말들을 쉬게 했다. 가벼운 재질로 된 울타리여서 가끔 말이 뛰어넘어가기도 했지만 곧 익숙해져 그 안에서 휴식을 취했다.

몇 년 전 나는 애리조나와 콜로라도 지역, 2천100킬로미터를 여행한 적이 있다. 엄마는 트레일러에서 나를 도왔다. 마음만 먹으면 언제라도 샤워를 하고 쉴 수 있는 공간이 있다는 것은 환상적이었다. 여행을 다니지 않을 때는 주로 트레일러에 머물렀다.

매사추세츠에 있는 집을 떠나 첫 여행을 나선 것은 5년 전이다. 당시 나는 프리우스를 운전했는데 주로 그곳에서 잠을 자면서 여행을 다녔다. 차 창문에 커튼을 매달아 밖에서 볼 수 없게 해 나만의 쉴 수 있는 공간으로 만들었다. 한동안 나는 프리우스에서 자면서 여행을 다녔고 비포장도로도 달렸다. 프리우스에 차 하부 보호 장치가 없다는 것을 알았다면 아마도 산길은 다니지 않았을지도 모른다. 이것이 내가 차박 생활을 하면서 여행을 다닌 첫 경험이다. 프리우스에서 트레일러로 생활공간을 옮기니 마치 뉴욕의 좁은 스튜디오에서 자연의 넓은 펜트하우스로 나온 기분이었다. 멋진 업그레이드다.

요즘 나는 말발굽을 주제로 한 다큐멘터리를 제작하고 있다. 역사적으로 볼 때 말의 이동은 인류의 발전과 매우 밀접하게 연결되어 있다. 인간은 자연 속 일부로서 동물들과 함께 살았다. 고대로부터 이어져 우리의 피와 우리 깊숙한 곳에 그 역사가 흐른다. 인간이 세계 여러 곳을 발견하고 탐험하고 정착할

수 있었던 것은 바로 그 때문이다. 나의 목표는 다큐멘터리를 통해 사람들이 다시 연결될 수 있도록 돕는 것이다. 그렇게 함으로써 기후 변화의 영향을 받는 생태계뿐만 아니라 우리의 의식세계에 이르기까지 균형을 회복할 수 있을 거라고 믿는다.

나는 적응력이 좋고, 이곳저곳 돌아다닐 수 있는 것은 행운이다. 머물지 않는 삶, 그것은 내게 활력을 준다. 나는 유목민의 피를 갖고 태어난 것 같다.

우리 조상들은 계절 따라 이동했다. 정착보다는 떠돌아다니는 삶을 살았

다. 인류가 정착 역사를 가진 지는 얼마 안 된다. 전 세계, 적어도 한 국가 안에서라도 모든 곳이 내 집이란 상상은 멋지다. 집에 대한 개념도 변화가 필요하다. 머무는 개념인 집을 벗어나면 새로운 자유를 느낄 수 있다. 나에게 집은 장소가 아니다. 엄마와 함께 있는 공간, 그것이 길, 혹은 트레일러가 되었든 그곳이 바로 내 집이다.

VEHICLES ARCHIVE

Spencer Hoffman | *Betty* | Ojai, California

Spencer Hoffman | *Betty* | Ojai, California

Roan Hardman | *Shasta Trailer* | Eatonville, Washington

Trevor Gordon | Eastern Sierras, California

Whitney Bell | Santa Cruz, California

Tristan Kodors | *Elly* | Salmo, British Columbia, Canada

Sean R. Collier | *Uncle Rico* | Santa Barbara, California

Bryan Fox | The General

Nate Duffy | *Clifford aka The Big Red Dog* | Portland, Oregon

Austin Smith

Spencer Wilkerson | *Herald* | Northern California

Aitor and Laia | *Peugeot Boxer L2H2* | Catalonia, Spain

Dawson and Bonnie Friesen | *Argosy the Airstream* | Yarrow, Chilliwack, British Columbia, Canada

Spencer Wilkerson | Washington State

Philipp Sacher | *Mercedes 608 Walküre* | Germany

Spencer Wilkerson | Northern California

포스터가 추천하는 캠핑카, '차박 여행을 위한 차'

Vehicles I Have Known and Loved with Foster Huntington

내가 차에서 자면서 하는 여행, 즉 차박을 시작한 것은 1987년 폭스바겐 바나곤 싱크로에서다. 싱크로는 사륜구동으로, 작은 차체에 비해 넓고 실용적인 공간을 갖고 있어 캠핑카로 유명한 차종이다. 내가 차를 고를 때 신경 쓴 것은 사륜구동이었다. 차로 떠나는 여행은 아스팔트보다 험한 길, 즉 도로 기반시설이 빈약한 지역이 대부분이기 때문이다. 멕시코와 중남미 지역은 비포장도로가 많다. 이런 점에서 싱크로는 탁월한 선택이었다. 문제는 구하기가 쉽지 않다는 것이다. 당시만 해도 사륜구동 밴은 드물었다. 매년 몇천 대만 미국으로 수입됐다. 많은 사람들이 싱크로를 사려고 해 그만큼 이 차의 가치가 높아졌다.

싱크로에는 내가 좋아하는 구성들이 있었다. 당시 내가 갖고 있던 모델은 위크엔더였다. 접을 수 있는 침대 시설이 있었지만 폭스바겐 웨스트팔리아 기종에서 보는 다양한 편의시설은 없었다. 그러나 20대 초반인 내가 혼자 여행하기에는 부족함이 없었다. 웨스트팔리아 내부 편의시설에 대해서는 다소 잘못된 편견이 있다. 대표적인 것이 냉장고다. 프로판과 전기를 에너지로 사용하는 냉장고는 나 같은 사람에게는 필요 없는 시설이다. 공간만 많이 차지하기 때문이다. 나는 차 안에서 요리하는 것을 좋아하지 않는다. 음식 냄새만 남기고 불편하다. 그래서 요리는 차 밖에서 하고 주방 시설을 줄여 여분의 공간을 두는 것을 원했다.

옷과 서핑 장비를 보관할 작은 창고도 만들었다. 전원 변환장치와 새 음향 시설도 추가했다. 폭스바겐 바나곤의 장점 중 하나는 창문이 많다는 것이다. 창문을 통해 바라보는 바깥 풍경은 멋지다. 그러나 주차장에서 가끔 문제가 된다. 프라이버시가 보장되지 않기 때문이다. 나는 캘리포니아 왓슨빌의 카센터에서 차 유리창에 검은색 필름으로 선팅했다. 짙은 색으로 선팅을 했더니 만족스럽다.

1년 6개월의 바나곤 생활에서 차 유지 보수가 늘 말썽이었다. 나는 고장이 적고 유지가 쉬운 차종을 검색했다. 인터넷을 뒤지고 수많은 차박 사이트를 검색한 결과, 평상형 침대가 있는 픽업트럭으로 결정했다. 호주에서 캠핑카 여행을 즐기는 사람들은 소형 픽업트럭인 닛산 패트롤이나 도요타 힐룩스를 선호한다. 이 픽업트럭 뒤 공간에 침대를 설치하면 안락한 공간으로 변모했다. 비포장도로에서도 큰 문제 없이 주행이 가능했고 잔고장도 적었다. 북미 대륙 여행을 원하는 나에겐 딱 맞춤이다.

꿈을 실현하기 위해 차박 관련 세미나 등 많은 자료를 찾았다. 차박을 위해선 많은 별도시설이 필요했다. 두 개의 여유 타이어, 강을 건널 때 침수를 방지하는 장치인 엔진 스노클, 다양한 도구를 갖춘 윈치 박스, 6단 수동기어와 추가 연료탱크, 그리고 캠핑에 필요한 시설 등도 구입해 차에 설치했다. 추가 비용이 들었지만 모든 것이 완벽했다.

그러나 이것들은 책에서나 볼 수 있는 멋진 풍경이다. 개조를 담당했던 정비소 기술자가 "작동에 문제가 없을 것"이라고 말했지만 차량 무게가 너무 무거웠다. 차 전체 무게에서 무려 680킬로그램을 초과했다. 코너 회전할 때 무게 중심을 이기지 못하고 바퀴 세 개가 공중에 들리곤 했다. 기존 브레이크가 제대로 작동 못 해 추가로 브레이크 설비를 했다. 6만5천 킬로미터를 주행하자 클러치가 타들어 갔다. 추가로 짐을 싣는 것도 포기해야 했다. 픽업트럭이 비포장도로에서 230킬로그램을 싣고 가는 것은 마치 밴이 1천130킬로그램 무게의 짐을 싣고 가는 것과 같다. 엔진 스노클을 포함한 추가 장치들은 나에겐 필요 없는 존재가 되었다. 결국 나는 큰 비용과 많은 노력을 들여 개조한 트럭을 팔았다.

그때 이후로 차박에 대한 개념이 바뀌었다. 캠핑카 여행은 자유를 느끼는 여정이라는 사실이 항상 마음속에 자리잡고 있다. 얼마 안 가 다시 길을 떠나고 싶다는 충동이 들었지만 다시는 차를 개조하느라 골머리를 앓고 돈을 쓰는 어리석은 행동을 하지 않을 것이다.

나는 좀 더 저렴한 비용으로 여행을 떠나기로 했다. 1천 달러를 주고 애로스타 밴을 구입했으나 마음에 들지 않아 다시 팔았다. 그리고 1천200달러를 주고 닛산 픽업트럭을 샀다. 중고거래 사이트에서 트럭에 맞는 덮개를 찾았다. 트럭 뒤 공간에 베니어합판을 깔아 침대 공간으로 만들었다. 이 트럭을 타고 3년 동안 여행을 다녔는데 부족한 것이 없었다. 비포장도로도 무난하게 운전했고 잠자리도 좋았다. 캠핑 도구와 서핑 장치도 싣고 다녔다. 비싼 수업료를 내고 캠핑카에 대한 환상을 없앨 수 있었다. 필수적인 장치만 설치된 차량으로 여행을 다니는 것이 차박의 기본이다. 나에겐 화려한 편의시설이 부착된 캠핑카는 의미가 없다. 닛산 픽업트럭으로도 행복했고, 운전하기에도 훨씬 좋았다.

지금 나는 캠핑카로는 닷지 스프린터 118을 갖고 있고 일상생활에서는 혼다 CR-V를 운전한다. 스프린터는 이륜구동이지만 CR-V와 길이가 같고 성능이 좋은 차다.

나는 이런 형태의 차를 오랫동안 찾았다. 마침내 중고거래 사이트에서 이 차를 발견해 애리조나까지 편도 비행기를 타고 갔다. 그곳에서 차를 받은 후 직접 운전해서 돌아왔다. 그때의 행복감을 잊을 수 없다. 스프린터의 장점 중 하나는 주차가 편하다는 것이다. 일반 밴과 모양이 같아 도심 어느 곳에서라도 주차가 가능하고 그곳에서 잠을 잘 수 있다. 또 차량 내부가 높아서 차 안에서 걸어 다닐 수 있다. 10리터로 140킬로미터를 달릴 정도로 연비도 좋다. 차 하부도 튼튼해서 험한 길로 다녀도 잔고장이 없다. 무엇보다 비싸지 않은 가격이 매력적이다. 물론 연식이 오래된 것일수록 더 싸다. 스프린터는 내가 혼자 생활하기에 충분한 공간을 제공하는 최적의 차다.

나는 차박 여행을 꿈꾸는 사람들이 나와 같은 시행착오를 겪지 않기를 바

란다. 차박에서 기대하는 판타지와 실제 겪는 현실과는 큰 차이가 있다. 호주의 거친 바위를 기어오르거나 강을 향해 돌진하는 멋진 모습을 기대하기 쉬운데 현실은 다르다. 멕시코 정글 속을 운전하면서 '와, 드디어 내가 이 차로 해냈다'라고 환호한다. 그런데 그때 혼다 시빅이나 닷지 네온 같은 소형차로 가뿐하게 당신 옆을 지나는 사람을 발견한다. 그 사람은 당신의 거대한 킬리만자로 같은 차를 보고 속으로 비웃을지 모른다.

무엇이 되었든 차박 여행은 특별한 경험을 선물한다. 자유에 대한 신선한 느낌이다. 한 장소에서 잠을 깬 후, 집을 가지고 또 다른 장소로 이동할 수 있다. 생각만 해도 멋진 장면이 아닌가.

네바다사막에서 눈을 뜬 후 '큰 파도를 만나러 갈까?'라거나 '아니, 올림픽 페닌슐라로 가야겠다' 마음먹고 곧바로 실천할 수 있다. 자유가 무엇인지를 온몸으로 체험하는 것이다. 우리 문화에서 완전히 사라진 자율성과 주체성을 회복하는 느낌이다. 로드 트립을 떠날 때, 비록 그것이 짧은 여행일지라도 매번 나는 그것을 느낀다.

지금 나는 차가 아닌 집에서 거주한다. 평생 차 속에서 지낼 생각은 처음부터 없었다. 차에서 잠자며 여행을 떠나는 것은 이미 내 삶에서 큰 비중을 차지하고 있다. 가끔 나는 마크 트웨인의 말을 떠올린다. "여행은 편견과 좁은 마음을 벗어나게 해준다."

내 경험으로 볼 때 마크 트웨인의 말은 진실이다. 나는 사람들에게 기회가 된다면 최소 몇 달 동안의 차박 여행을 추천한다. 당신은 인생이 바뀌는 것을 경험할 수 있을 것이다.

옮긴이의 말

—

이 책은 다양한 형태의 집을 보여준다. 그러나 우리가 익숙한 아파트나 단독주택은 아니다. 컨테이너와 천막, 그리고 보트와 나무 위 집 등 낯선 풍경이다. 언제부터인가 집은 남에게 보여주는 과시 수단이 되었다. 그런 점에서 이 책에 나오는 집과 그 안에서 살아가는 사람들의 모습은 낯설다. 하지만 내가 지금 사는 집에서 '과연 행복한가'라는 질문을 자신에게 던져보자. '아니오'라는 답변을 구했다면 어쩌면 이 책에 나오는 다양한 필자들 주장에 동의할 수 있을 것이다.

우리는 사는 세상과 삶이 마치 전부인 것 같은 착각에 빠져 살고 있다. 그러나 'Think outside the Box'라는 말처럼, 세상 밖에는 또 다른 삶이 존재한다. 현대 문명의 편리함에 익숙해져 다만 그 사실을 놓치고 있을 뿐. 단순히 거주공간이 아닌, 자신의 주체적인 삶이 실현되는 장소가 될 때 집은 빛난다. 자신의 땀과 노동이 함께할 때 집은 비로소 자신과 하나되며 그 안에서 우린 다른 세상을 바라볼 수 있다.

처음부터 너무 거창하게 생각하거나 지레 겁먹을 필요는 없다. 글쓴이들 역시 우리와 똑같은 고민을 했고 무엇부터 해야 할지 몰랐다. 중요한 것은 자신에 대한 믿음, 그리고 끊임없는 생각과 노력이다. 당신이 첫발을 내딛는 순간, 이미 오프 그리드 라이프를 시작한 것이다.

오프 그리드 라이프는 타율적으로 사는 것이 아닌, 자신이 주체가 된 삶을 의미한다. '나는 늦었어', 혹은 '해본 적이 없어서 좀 두려워' 같은 말들은 그들에게 존재하지 않는다. 지금이라도 당신의 삶을 살아가는 멋진 인생이 되기를 이 책의 글쓴이들은 응원하고 있다.

천세익

• 리스컴이 펴낸 책들 •

• 취미 | DIY

내 체형에 맞춘 사계절 옷
세련되고 편안한 옷 만들기
가벼운 면 원피스부터 따뜻한 울 바지와 코트까지 품이 넉넉해 편하면서도 날씬해 보이는 24가지 옷을 소개한다. 모든 작품의 실물 크기 패턴을 수록하고 일러스트와 함께 자세히 설명해 누구나 쉽게 따라 할 수 있다. 유행을 타지 않아 언제 어디서나 즐겨 입을 수 있다.
후지츠카 미키 지음 | 호리에 마사코 옮김 | 118쪽
210×257mm | 14,000원

쉬운 재단, 멋진 스타일
내추럴 스타일 원피스
직접 만들어 예쁘게 입는 나만의 베이직 원피스. 여자들의 필수 아이템인 27가지 스타일 원피스를 자세한 일러스트 과정과 함께 상세히 설명했다. 실물 크기 패턴도 함께 수록되어있어 재봉틀을 처음 배우는 초보자라도 뚝딱 만들 수 있다.
부티크 지음 | 112쪽 | 210×256mm | 10,000원

119가지 실내식물 가이드
실내식물 죽이지 않고 잘 키우는 방법
반려식물로 삼기 적합한 119가지 실내식물의 특징과 환경, 적절한 관리 방법을 알려주는 가이드북. 식물에 대한 정보를 위치, 빛, 물과 영양, 돌보기로 나누어 보다 자세하게 설명한다. 식물을 키우며 겪을 수 있는 여러 문제에 대한 해결책도 제시한다.
베로니카 피어리스 지음 | 144쪽 | 150×195mm | 14,000원

내 피부에 딱 맞는 핸드메이드 천연비누
나만의 디자인 비누 레시피
예쁘고 건강한 천연비누를 만들 수 있도록 돕는 레시피북. 천연비누부터 배스밤, 버블바, 배스 솔트까지 39가지 레시피를 한 권에 담았다. 재료부터 도구, 용어, 팁까지 비누 만드는 데 알아야 할 정보를 친절하게 설명해 책을 따라 하다 보면 누구나 쉽게 천연비누를 만들 수 있다.
리리림 지음 | 248쪽 | 190×245mm | 16,000원

트러블·잡티·잔주름 없는 명품 피부의 비결
홈메이드 천연화장품 만들기
피부를 건강하고 아름답게 만들어주는 홈메이드 천연화장품 레시피북. 고급스럽고 내추럴한 천연화장품 35가지가 담겨있다. 단계별 사진과 함께 자세히 설명되어있어 누구나 쉽게 만들 수 있고, 사용법도 친절하게 알려준다.
카렌 길버트 지음 | 152쪽 | 190×245mm | 13,000원

• 임신출산 | 육아

세상에서 가장 아름다운 태교 동화
하루 10분, 아가랑 소곤소곤
독서교육전문가가 30여 년 동안 읽은 수천 권의 책 중에서 가장 아름다운 이야기 30여 편을 골라 모았다. 마음이 따뜻해지는 이야기, 재치 있고 삶의 지혜가 담긴 이야기, 가족사랑과 인간애를 느낄 수 있는 이야기들이 가득하다. 태교를 위한 갖가지 정보도 알차게 담겨있다.
박한나 지음 | 208쪽 | 174×220mm | 16,000원

산부인과 의사가 들려주는 임신 출산 육아의 모든 것
똑똑하고 건강한 첫 임신 출산 육아
임신 전 계획부터 산후조리까지 현대를 살아가는 임신부를 위한 똑똑한 임신 출산 육아 교과서. 20년 산부인과 전문의가 인터넷 상담, 방송 출연 등을 통해 알게 된, 임신부들이 가장 궁금해하는 것과 꼭 알아야 할 것들을 알려준다.
김건오 지음 | 352쪽 | 190×250mm | 17,000원

아기는 건강하게, 엄마는 날씬하게
소피아의 임산부 요가
임산부의 건강과 몸매 유지를 위해 슈퍼모델이자 요가 트레이너인 박서희가 제안하는 맞춤 요가 프로그램. 임신 개월 수에 맞춰 필요한 동작을 사진과 함께 자세히 소개하고, 통증을 완화하는 요가, 남편과 함께하는 커플 요가, 회복을 돕는 산후 요가 등도 담았다.
박서희 지음 | 176쪽 | 170×220mm | 12,000원

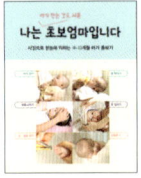

사진으로 익히는 0~12개월 갓난아기 돌보기
나는 초보 엄마입니다
출산 후 12개월까지의 아기를 안아주고, 먹여주고, 달래주고, 놀아주고, 기저귀를 갈아주고, 목욕시키고, 옷을 입히고, 마사지해주고, 안정시키고, 외출시키는 등 아기를 돌보는 데 필요한 모든 것이 풍부한 사진과 함께 상세히 설명되어 있어 쉽게 따라할 수 있다.
리스컴 편집부 | 136쪽 | 190×260mm | 12,000원

야단치지 않아도 제대로 가르치는 방법
남자아이 맞춤 육아법
20만 명이 넘는 엄마가 선택한 아들 키우기의 노하우. 엄마는 이해할 수 없는 남자아이의 특징부터 소리치지 않고 행동을 변화시키는 아들 맞춤 육아법까지. 오늘도 아들 육아에 지친 엄마들에게 '슈퍼 보육교사'로 소문난 자녀교육 전문가가 명쾌한 해답을 제시한다.
하라사카 이치로 지음 | 192쪽 | 143×205mm | 13,000원

• 건강 | 다이어트

아침 5분, 저녁 10분
스트레칭이면 충분하다
몸은 튼튼하게 몸매는 탄력 있게 가꿀 수 있는 스트레칭 동작을 담은 책. 아침 5분, 저녁 10분이라도 꾸준히 스트레칭하면 하루하루가 몰라보게 달라질 것이다. 아침저녁 동작은 5분을 기본으로 구성해 좀 더 체계적인 스트레칭 동작을 위해 10분, 20분 과정도 소개했다.

박서희 지음 | 88쪽 | 215×290mm | 8,000원

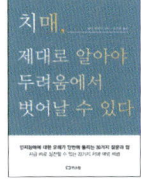

치매, 제대로 알아야 두려움에서 벗어날 수 있다
사람들은 치매에 대해 막연한 두려움을 가지고 있다. 치매 공포증은 치매에 대한 어설픈 지식이나 오해에서 비롯된다. 30년 이상 치매 환자의 임상 치료를 해온 전문가가 치매에 대해 궁금증을 Q&A 형식으로 알려줘 인지장애에 대한 오해를 단번에 풀어준다.

와다 히데키 지음 | 조기호 옮김 | 240쪽
152×223mm | 15,000원

라인 살리고, 근력과 유연성 기르는 최고의 전신 운동
필라테스 홈트
필라테스는 자세 교정과 다이어트 효과가 매우 큰 신체 단련 운동이다. 이 책은 전문 스튜디오에 나가지 않고도 집에서 얼마든지 필라테스를 쉽게 배울 수 있는 방법을 알려준다. 난이도에 따라 15분, 30분, 50분 프로그램으로 구성해 누구나 부담 없이 시작할 수 있다.

박서희 지음 | 128쪽 | 215×290mm | 10,000원

건강은 생활습관입니다!
아프지 않고 건강하게 사는 생활실천법
국내 식품영양학의 최고 권위자이자 장수박사로 유명한 유태종 교수가 그동안의 경험과 연구결과를 모아 건강장수 비법을 정리했다. 생활습관, 식사법, 운동법, 마음건강법 등 4개의 장으로 나누어 건강과 장수의 이론과 실제 사례, 구체적인 생활실천법을 소개한다.

유태종 지음 | 256쪽 | 152×223mm | 13,000원

통증 다스리고 체형 바로잡는
간단 속근육 운동
통증의 원인은 속근육에 있다. 한의사이자 헬스 트레이너가 통증을 근본부터 해결하는 속근육 운동법을 알려준다. 마사지로 풀고, 스트레칭으로 늘이고, 운동으로 힘을 키우는 3단계 운동법으로, 통증 완화는 물론 나이 들어서도 아프지 않고 지낼 수 있는 건강관리법이다.

이용현 지음 | 156쪽 | 182×235mm | 12,000원

면역력의 오해와 진실
내 몸속의 면역력을 깨워라
면역력에 죽고 면역력에 사는 시대. 국민주치의 이승남이 우리 몸속 면역 시스템을 알기 쉽게 설명한다. 식습관부터 생활습관까지 면역력을 높이는 데 필요한 것은 물론 면역력에 대한 오해와 진실을 명쾌하게 알려줘 생활 속 잘못된 습관을 바로 잡고 면역력을 높일 수 있다.

이승남 지음 | 304쪽 | 152×225mm | 15,000원

하루 20분, 평생 살찌지 않는 완벽 홈트
오늘부터 1일
평생 살찌지 않는 체질을 만들어주는 여성용 셀프PT 가이드북. 스타트레이너 김지훈이 군살은 쏙 빼고 보디라인은 탄력 있게 가꿔주는 하루 20분 운동을 소개한다. 하루 20분 운동으로 굶지 않고 누구나 부러워하는 늘씬한 몸매를 만들어보자.

김지훈 지음 | 280쪽 | 188×245mm | 16,000원

젊음과 건강을 유지하는 방법
착한 비타민 똑똑한 미네랄
대부분의 현대인이 비타민·미네랄 결핍을 겪고 있다. 다들 한두 가지 영양제는 복용하고 있지만 '대충' 먹는다. 같은 성분이라도 성별과 연령, 증상에 따라 골라 먹어야 효과를 볼 수 있다. 국민 주치의 이승남 박사가 맞춤처방전을 제시한다.

이승남 지음 | 184쪽 | 152×255mm | 10,000원

운동을 시작하는 남자들을 위한 최고의 퍼스널 트레이닝
1일 20분 셀프PT
혼자서도 쉽고 빠르게 원하는 몸을 만들 수 있는 PT 가이드북. 내추럴 보디빌딩 국가대표가 기본 동작부터 잘못된 자세까지 차근차근 알려준다. 오늘부터 하루 20분 셀프PT로 남자라면 누구나 갖고 싶어하는 역삼각형 어깨, 탄탄한 가슴, 식스팩, 강한 하체를 만들어보자.

이용현 지음 | 192쪽 | 188×230mm | 14,000원

국내 최고 의료진과 전문 영양사의 처방
비만클리닉, 똑똑한 레시피로 답하다
분당서울대학교병원 의료진과 영양사가 알려주는 비만의 모든 것. 비만의 원인과 비만으로 생기는 질병, 소아 비만과 노인 비만, 올바른 식이요법과 운동법, 약물 치료와 수술 등을 상세히 알려준다. 각 음식과 한 끼, 하루 식단에 칼로리와 나트륨, 영양 구성도 표시했다.

분당서울대학교병원·한화호텔앤드리조트 지음 | 320쪽
188×245mm | 18,000원

유익한 정보와 다양한 이벤트가 있는
리스컴 블로그로 놀러 오세요!
홈페이지 www.leescom.com
블로그 blog.naver.com/leescomm
인스타그램 instagram.com/leescom

일상에서 벗어난 삶
오프 그리드 라이프

지은이 | 포스터 헌팅턴
옮긴이 | 천세익

편집 | 김연주 이희진 강지예
디자인 | 이미정
마케팅 | 김종선 이진목
경영관리 | 서민주

인쇄 | 금강인쇄

초판 인쇄 | 2021년 5월 13일
초판 발행 | 2021년 5월 20일

펴낸이 | 이진희
펴낸곳 | (주)리스컴

주소 | 서울시 강남구 밤고개로 1길 10, 수서현대벤처빌 1427호
전화번호 | 대표번호 02-540-5192
　　　　　영업부 02-540-5193
　　　　　편집부 02-544-5922 / 544-5933
FAX | 02-540-5194
등록번호 | 제2-3348

이 책은 저작권법에 의하여 보호를 받는 저작물이므로
이 책에 실린 사진과 글의 무단 전재 및 복제를 금합니다.
잘못된 책은 바꾸어 드립니다.

ISBN 979-11-5616-213-1 13590
책값은 뒤표지에 있습니다.